新型コロナの起源と101年目を迎える中国共産党

石平×掛谷英紀

ワニ書房

はじめに

《石　平》

かや書房の企画でこの度、筑波大学システム情報系准教授の掛谷英紀さんと数回にわたって対談を行った。

小生はこれまで、作家やジャーナリスト、経済学者や歴史家など各分野の方々と対談する機会を得ているが、自然科学分野の学者と対談したのは初めてのことで、たいへん新鮮にして貴重な言論体験であった。

掛谷さんは東京大学理学部では生物化学を学び、東京大学大学院修士課程では計数工学を学び、同大学院博士課程では先端学際工学を研鑽《けんさん》して博士号を取得した。この学歴からしても秀才中の秀才であることがわかるが、現在では筑波大学で教鞭をとりながら、情報工学者として3次元画像工学や自然言語処理などの学際研究に従事し、まさに時代の最先端を走る、新進気鋭の科学者の一人である。

掛谷さんの学問的関心と活動の及ぶ分野は自然科学に止《とど》まらない。彼は今まで、『日本の「リベラル」―自由を謳い自由を脅かす勢力』、『学問とは何か　専門家・メディア・科学技術の倫理』、『人類の敵　共産主義勢力から自由を守る方法』などの著書を上梓し、社会科学やイデオロギー論などの異分野に果敢に越境してきて、多くの重要な問題提起を行ってきたのである。

このような博識多才な研究者と対談したことは、小生の言論人生における貴重な体験であると同時に、まったく異なった分野の知識人から多くのことを学ぶ機会でもあった。普段は評論家として言論活動を行っている小生は、時には思考を飛躍させたり、時には感情的になったりすることがあるが、掛谷さんは私との議論の中で終始一貫、冷静沈着であって、厳密な論理的思考に徹していた。もちろん時には、並々ならぬ情熱を持ってその訴えたいことを熱っぽく語った。

このようにして私たちは、米中対立から日中関係まで、台湾問題から自由世界と独裁体制との戦いまでの諸問題について、幅広い議論を縦横無尽に展開した。そのなかでも、私自身が大変勉強になったのはやはり、新型コロナウイルスの起源についての議論である。

このテーマの話となると、東京大学理学部で生物化学を学んだ掛谷さんのまさに手の内である。しかも掛谷さんは、今までにこの問題に多大な関心を持ち、コロナウイルス起源に関する世界最先端の研究発表を英語の原文で数多く読破している。私との対談のなかで掛谷さんは、自らの専門知識と莫大な情報量を駆使して、非常にわかりやすく、かつ理路整然と、問題の核心に切り込んでコロナの起源を深く追究していった。そしてそこで得られた結論はすなわち、「武漢病毒研究所起源は99％の確率」という、大変納得のいくものである。

その具体的な内容は皆様の読むお楽しみとして取っておくことにするが、コロナウイルスの起源を突き止める掛谷さんの論理的、学問的分析は非常に重要な意味を持つと思う。コロナウイルスを世界に拡散させて４００万人以上の命を奪った中国共産党政権の責任を明確にすることによって、今年に成立100周年を迎えたこの邪悪《じゃあく》な政党の恐ろしい本質と危険性を、より一層鮮明に浮き彫りにすることができたからである。そして、この邪悪政党の脅威から自由世界の安全と平和をどう守っていくかはまさに私たちの共通した問題認識であるが、この世紀の大問題についても、我ら対談者二人は十分に議論を交わしてさまざまな建設的提言を行った。

こうして出来上がったのはすなわち、今や皆様の手にある、私たちの初めての対談本である。この一冊は、新型コロナウイルスの起源問題だけでなく、「中国」にまつわる諸問題と、中国を取り巻く国際環境に対する皆様のご理解を深めるのに大きく役に立つであろうと私たちは確信している。そして、文科系出身の私と理科系出身の掛谷さんとの対談は、異なった思考パターンの人間が議論を通して共通認識に達していくところで、読者の皆様に多大な新鮮味を与えるのと同時に、一種の斬新な対話のスタイルを提示して、それを皆様のご参考に資することもできるのではないかと思う。

最後に、この対談を企画して下さったかや書房と、私との対談に快く応じて下さった掛谷英紀さんに、心からの感謝を申し上げたい。そして、本書を手にとって下さった読者の皆様にはただひたすら、頭を下げて御礼を申し上げたいところである。

令和3年9月吉日

奈良市西大寺界隈、独楽庵にて

石　平

編　　集／白石泰稔
装　　丁／柿木貴光
著者撮影／岩本幸太
カバー写真／アフロ

※本文内の画像はすべて掛谷英紀氏の動画
https://www.youtube.com/watch?v=NXzHMQYJ0DI より

第一章
コロナ流出と人権弾圧で世界中を敵に回した習近平

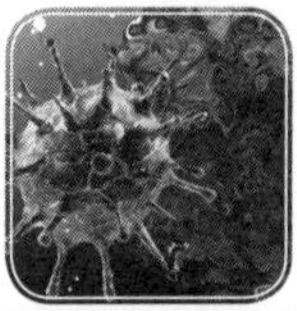

中国を取り巻く国際世論が大きく変わった2021年

石　中国共産党結党100周年を記念する習近平主席の演説は、本来ならば共産党の100周年で、しかも共産党の理念は共産主義のはずなのに、演説では一切、共産主義には触《ふ》れませんでした。その代わりに〝中華民族〟あるいは〝民族の復興〟という言葉を繰り返しました。それは、なぜなのか？

一つは中国共産党というものが、すでに変質してしまっているということです。要するに、結党の当初は、まだ共産主義という理念があったのかもしれませんが、現在は、もう完全に共産主義というよりも、〝民族〟という政党で、ナショナリズムというものを全面的に打ち出している。

掛谷　はい。

石　そのなかで、習近平主席が唱える「民族の復興」とは何か？　要するに、彼らの認識では、昔、近代以前は中華帝国が世界の頂点に立ち、アジアも支配した。ところが近代になってから中華帝国を頂点としたかつての秩序が崩れ、中国はむしろ転落して、西欧列強や日本にいじめられ、大変な屈辱を味わった。

しかしながら今後は、今まで受けた屈辱をすべて清算して、そのうえで往時の中華帝国の栄光ある地位とアジアに対する支配の秩序を取り戻す。要するに、もう一度世界の頂点に立つということ。これが民族の復興であり、習近平政権が成立の当初から全面的に打ち出しているメッセージです。

掛谷　はい。

石　今回の100年を記念する彼の演説では、このメッセージが強く語られ、しかもそのなかで彼は、「2つの100年」という概念を持ち出しています。要するに、これまでの100年で中国はいわゆる半植民地的な境地から脱出して強くなった。豊かになった。そして次の100年では、もう中国が世界の主《あるじ》になる。そういう野望が強く出ているのが、この演説だと考えています。これについては、掛谷さんはどう見られていますか。

掛谷　私は中国の専門家ではありませんので、中国に関しては私のほうが石平先生にご質問する立場だと考えています。

私の観点は、あくまでも新型コロナウイルス絡みの話と、あとはアメリカの政治に関してはそれなりにウォッチしていますので、そのあたりをどう見ているかというところを中心にお話をすることになると思います。

早速、石平先生にお尋ねしたいことがあります。今回の習近平の演説は、基本的には外国向けでなく、国内の中国人に対する引き締めのように聞こえました。この理解でよろしいでしょうか？　外国に対するメッセージという観点から見ると、非常におかしな内容で、あの演説を聞いて外国の人たちが素直に受け入れられるとは思えないのですが。

石　確かに、ご指摘のように国内向けの引き締めという面もあります。国内向けの色彩が非常に強い演説で、とにかく中国人に向かって、「中国共産党の指導下で、これから中国が世界を雄飛（制覇）するよ」というメッセージです。しかし、この演説で習近平は、彼なりに世界に対しても強いメッセージを送っています。要するに、「今後は、世界にはもうわれわれを阻止する力はないよ。われわれが世界を再び席巻するよ」と。そのなかで彼は「中国が世界を制覇する行為を、もしも誰かが阻止するならば、血が流れて頭が割れるよ」というようなヤクザ的な言葉まで使って表現しています。

ですから、この演説は「中国国民を刺激する言葉であると同時に、世界に対する恫喝でもある。その両方の意味合いがあるのではないか」と私は考えています。

掛谷　確かに石平先生に解説していただくと、なるほどと思いました。
　しかし、どんなに習近平が世界に対して強い言葉を放ったとしても、この演説のあと、特に新型コロナに関する動きの観点から見ると、国際社会はどんどん中国に厳しい方向に動いています。

石　そうですね。

掛谷　例えば、2021年3月30日に公表されたWHO（世界保健機構）調査団の報告書には、新型コロナウイルスが研究所からの流出を起源とする可能性は低いと書かれていたものの、テドロス事務局長はすべての仮説にはまだ可能性があり、さらなる調査が必要だと述べました。
　さらに7月に入ってから、彼はもっと踏み込んだ発言をしています。「私自身、免疫学者で、しばしば実験をしていたが、研究時の事故はよく起こるし、私自身も経験したことがある。生データが共有されていないので、セカンドフェーズの調査が必要だ」と。
　米国内部でも、新型コロナの起源の調査を求める声が強くなっています。

石　これは歓迎すべき動きですね。

掛谷　これまでアメリカは、人権問題では超党派で中国を強く攻撃していました。しかし、新型コロナの起源に関しては、共和党の議員はけっこう厳しかったのですが、民主党の議員はあまり追及していなかった。

ところがつい最近、共和党から上院2名――一人はマルコ・ルビオという有名な人で――民主党からも上院2名の超党派で、「中国はちゃんとトランスペアレンシー、つまり透明性を確保して、調査に応じるべきだ」という書面を提出しています。さらに、オーストラリア、アメリカ、日本などの政府に対してアドバイスする学者たちが連名で、「中国は透明性を持って調査に応じるべきだ」という書面を出しています。日本では政策研究大学院大学の上山隆大先生、東京理科大学前学長の松本洋一郎先生、岡山大学の狩野光伸先生が参加されました。松本先生と狩野先生は外務大臣科学技術顧問です。

石　あたかも中国追及の国際学者連盟の結成ですね。

掛谷　ですから今、世界中が中国に、基礎となるデータを提供し、透明性のある調査に協力するようにかなり厳しく言い始めています。習近平が世界に対して強く出ても、中国については世界一致で厳しい姿勢で臨むぞという動きになっています。

それに対して中国の趙立堅《ちょうりつけん》報道官は、今までどおり、「けしからん。調べるのであれば、アメリカの研究所を調べろ」みたいな反論をしています（笑）。

現在、世界中の世論が中国に対して厳しくなっているのは間違いありません。こういった状況でこれほど強気の発言をするのは、ますます世界の反発を強めることになります。ですから私には、習近平の演説は国際社会に対するメッセージというよりは、国内向けの引き締めを目的にしているように見えたんですね。

しかし石平先生のお話をうかがい、この演説は世界に対する恫喝の意味もあるということがよくわかりました。こんな状況でも世界に対して強く出るという点が、習近平が習近平である所以《ゆえん》でもありますね。

石　掛谷さんのご指摘にありましたように、コロナウイルスの起源に関して、国際社会の中国に対する追及はかなり大きな流れになっています。よく思い出してみると、「新型コロナウイルスは2019年の秋から中国国内で感染拡大し、それが世界中に拡散した」と言われてきましたし、実際にそういう観測もあった。しかし、2020年の時点では、例えばテドロスに関して言えば、もう完全に中国側に立って、中国寄りの発言を繰り返していました。

掛谷　そうですよね。それが変わったというのはすごいことです。

石　さまざまな事情があり、当時は新型コロナの起源に関しての中国に対する追及は、それほど大きな流れにはならなかった。しかし、2021年になり、テドロスに関して言えば、習近平が「テドロス、お前もか⁉」と嘆くような大きな変化が起こっています。それは世界的な流れになっています。この背後には、どういう原因があると掛谷さんは見ておられますか？

掛谷　私は大学時代に分子生物学を学んでいましたので、2020年の5月ぐらいから新型コロナウイルスの起源に関係する学術論文を100本ぐらい読んでいます。

石　それはすごいですね。

掛谷　今まで得た情報から判断すると、99パーセントぐらいの確率で、武漢ウイルス研究所からの流出ではないかというのが私の見解です。「遺伝子の配列」とか、「過去にどういう研究が武漢ウイルス研究所で行われていたか」という論文も出ていますので、そういうものを総合して、科学的に分析すると、研究所からの流出の可能性は非常に高いと考えられます。

2020年の5月、6月ぐらいの時点でかなりの証拠は揃っていました。その後、またぽつぽつと新しい証拠も出ていますが、その証拠とは関係なく2021年になって世論が急に変化して、武漢ウイルス研究所からの流出を大きく疑うようになった。その経緯を説明させていただきますと――。

石　はい。

掛谷　私自身は2020年5月ぐらいから研究所流出を疑い始めました。それで、ほかの生物学者や元生物学者を誘ってオンライン勉強会をしました。その時点で出ていた証拠を検討すると、現役の生物の研究者も「たぶん、これは研究所起源だろう。しかし表では言いたくない」と言うんですね。「政治問題化するので面倒だから」という理由です。結局、私が当時の証拠をまとめて動画にしてユーチューブに公開したのが2020年6月末です。でも、ほとんど注目されませんでしたね。一部では陰謀論扱いされました。

石　しかしそれこそは、本物の学者の取るべき姿勢です。

掛谷　それがようやく変わってきたのが、まず2021年1月に、ポンペオ国務長官が辞める前に、「アメリカの国務省が、2019年秋の時点で3人、武漢ウイルス研究所の人間が感染していたという情報を掴んでいる」と発表したことです。

それまでも「武漢ウイルス研究所が新型コロナウイルスの起源でないか」と疑える情報はかなりあったのですが、その種のニュースをアメリカの大手メディアは扱わなかったのです。ところが、そのときは掲載した。理由は簡単で、トランプが選挙に負けたからなん

SARS-CoV-2
ゲノム配列に基づく
ウイルスの由来
（人工or天然）の考察

BIOTECHNOLOGY, COMMENTARIES, HEALTH

The Case Is Building That COVID-19 Had a Lab Origin

By Jonathan Latham, PhD and Allison Wilson, PhD

In his statement, Petrovsky goes on to describe the kind of experiment that, in principle, if done in a lab, would obtain the same result as the hypothesised natural zoonotic transfer–rapid adaptation of a bat coronavirus to a human host.

"Take a bat coronavirus that is not infectious to humans, and force its selection by culturing it with cells that express human ACE2 receptor, such cells having been created many years ago to culture SARS coronaviruses and you can force the bat virus to adapt to infect human cells via mutations in its spike protein, which would have the effect of increasing the strength of its binding to human ACE2, and inevitably reducing the strength of its binding to bat ACE2.

Viruses in prolonged culture will also develop other random mutations that do not affect its function. The result of these experiments is a virus that is highly virulent in humans but is sufficiently different that it no longer resembles the original bat virus. Because the mutations are acquired randomly by selection there is no signature of a human gene jockey, but this is clearly a virus still created by human intervention."

In other words, Petrovsky believes that current experimental methods could have led to an altered virus that escaped.

https://www.independentsciencenews.org/health/the-case-is-building-that-covid-19-had-a-lab-origin/

掛谷氏が 2020 年 6 月 28 日に公開した動画のスライド。下は新型コロナウイルスの研究所起源説を論じる記事の引用（引用元はスライド内 URL。以下同様）https://www.youtube.com/watch?v=NXzHMQYJ0DI

ですよ。

石　確かに、この時から潮目が変わりました。

掛谷　実は2020年1月の段階から、トム・コットンという共和党の上院議員は「新型コロナウイルスは、武漢ウイルス研究所が起源ではないか」と言っていたんですね。トランプも同年4月からその見解に乗り始めた。しかしながら、その推測が正しいということになると、トランプや共和党が選挙で有利になるんですよ。

石　だからマスコミが「武漢起源説」を否定したのですね。

掛谷　アメリカのマスコミは、FOXニュースを除いてほぼみんな民主党支持ですので、「新型コロナウイルスが武漢ウイルス研究所からの流出だ」という事実に対する信憑性が高まると、民主党が選挙に負ける。選挙で共和党に勝たせないためにマスコミは採り上げなかった。

石　真実の追求よりも党派性のほうが大事なのですか。

掛谷　ところが選挙が終わったので、2021年1月に、研究所流出の疑いがあるという報道が出始め、3月にロバート・レッドフィールドさんというCDC（アメリカ疾病予防管理センター）のトップだった人が、CNNのインタビューに応じて、「これはもうラボリーク（研究所流出）だろう」と発言した。

その結果、左のメディアもこの問題を取り扱い始めた。一番大きく変わったきっかけが、2021年5月にニコラス・ウェイドという元『ニューヨーク・タイムズ』の有名な科学記者が書いた記事です。ウェイドが1万ワード以上の超大作の文章を書いて、そのなかでラボリークの可能性のほうが高いということを示唆《しさ》した。しかもその文章のなかには、デビッド・ボルティモアというノーベル賞を取った生物学者もラボリーク説を支持しているというコメントも掲載された。

そこから、だだだっ！　と変わってきたんですよ。ですから武漢ウイルス研究所起源説が話題になってきた理由で一番大きいのは、トランプさんが辞めたことなんですよ。

石　ははは。「武漢研究所起源説」のトランプさんが辞めたことで、逆に「武漢研究所起源説」が復活したのですね。何という皮肉なことですか。

掛谷　本当はラボリークだと思っていたけれども、そのことを発言してしまうと、トランプさんが選挙で有利になるから黙っていた人たちが話し始めたんですよ。これは私の勝手な想像ではなく、多くのアメリカの識者が同じ見解を持っています。

石　なるほど、そういうことだったのですか。

掛谷　テドロスさんに関して話しますと、テドロスさんのWHOの事務局長の任期は、2022年6月までです。そして次の事務局長の選挙にも出馬する予定でいる。彼は2020年の頭の段階では、「中国は力があるから、中国の味方をしたほうが次の事務局長の選挙で有利じゃないか」と思って、中国寄りの発言をしていたのですが、新型コロナウイルスの被害が世界中に広がり、中国が悪いと世界中の人たちが思い始めたのと、武漢ウイルス研究所のラボリーク説もかなり一般的になってきましたので、「これは中国を裏切ったほうが次も事務局長を続けられるかな」と（笑）。

石　この人は何だか中国人以上に計算高いですね（笑）。

掛谷　というふうに考えて寝返ったのではないか、というのが私の想像です。

石　なるほど。実は今、掛谷さんの新型コロナの発生源追究に関しての2020年からの変化についての説明には私も非常に感心しました。深い分析が、私には「目から鱗《うろこ》」という感じでした。特にアメリカの大統領選挙との関連が、まさに絶妙でした。

ほかの人は誰もそこまでは思いつかないだろうと思います。まさに掛谷さんのおっしゃるとおりだろうと思いますが、もう一面、私なりの視点からすれば、新型コロナの起源に対する追究の流れが2020年から2021年にかけて大きく変わった、その背後にあるのか、あるいは連動しているのかもしれませんが、中国の人権問題が大きく関係していると思います。

掛谷　私も同感です。

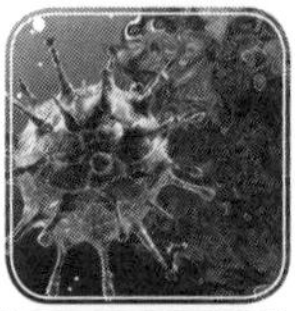

人権弾圧を強める中国に高まる国際社会の批判

石　昨年から今年にかけて、中国の人権問題に関する国際社会の批判と世界の団結がますます高まってきました。

まず、２０２０年からの一連の動きを見てみます。２０２０年10月6日にはニューヨークで、国連総会・国連第三委員会の第３回会議が開催されました。第三委員会は掛谷さんもご存知のように人権問題をテーマとする委員会です。

そこでドイツの国連大使が39カ国を代表して、中国の人権弾圧、ウイグル、香港問題を採り上げて中国を厳しく批判しました。ご存知のようにＥＵのなかでも、今までとりわけドイツが中国と非常に親密な関係にあり、経済的にも結びつきが強く、メルケル首相もほぼ毎年、北京を訪問していたほどでした。そのドイツの国連大使が先頭に立って中国を非難したということが世界に対して大きな意味を持ちました。

恐らくはその背後に、新型コロナに関連して言えば、発生源がどこかは置いておいても、世界中に感染が広がったことに対する中国の大国としてのあまりにも無責任な態度に対する大きな批判があったのだろうと思います。

掛谷　おっしゃるとおりです。

石　少なくとも中国は、新型コロナウイルスが発生した初期の段階で、情報を隠蔽《いんぺい》した。2019年の秋に、すでに武漢市で感染拡大をしていたのに、そのことを告発した医師を拘束することまで行い、真実を封じ込めた。

一時期は、新型コロナウイルスはヒトからヒトへと感染しないという立派なウソもついた。これが原因となり、国際社会も油断して、世界的な感染拡大につながった。

しかしながら、その後、新型コロナウイルス問題に対して、中国政府は自分たちの責任を一切認めず、むしろ逆に居直って、アメリカ発生説まででっち上げた。完全に開き直り、国際社会に詫《わ》びの一つもない。それどころか、マスク外交、ワクチン外交まで展開して、自分たちに有利な状況をつくり出そうとしました。

そういった中国の態度が、世界中が中国に対して反感を抱き始めた一因です。

掛谷　ええ。

石　アメリカの調査会社などのレポートでも、2020年から先進国の人々のなかで、中国に対するマイナスイメージを持つ人の割合がどんどん上がりました。

新型コロナウイルス問題だけではありません。2020年6月30日には「香港国家安全維持法」を可決し、公布して香港に押しつけ、香港人の自由、人権を踏みにじった。2020年には中国のウイグル人に対する、いわゆるジェノサイドのさまざまな事実も明るみに出た。

そんな現状のなかで、ドイツが率先して国連で中国を非難する火蓋《ひぶた》を切ったことは非常に画期的な出来事であったと私は思います。ドイツとともに非難決議をした39カ国のリストを見ますと、先進国はほとんどすべて入っています。カナダも日本もアメリカも、オーストラリアもニュージーランドも。さらにEU諸国、イギリス、フランスです。

要するに西側諸国では、今まで中国とは商売のことで、いろいろな思惑もあり、国内の人権問題に目をつぶってきたという面がありました。しかし、2020年にさまざまな中国に関する問題が起こり、「もはやこれ以上、目をつぶれない！」と中国を糾弾《きゅうだん》する動きが始まったのです。

先ほど掛谷さんが、ポンペオがトランプ政権の終盤に、新型コロナウイルスの発生源の問題を持ち出したとおっしゃっていましたが、それと同時に、彼はもう一つ、トランプ政権が終了する直前に大きな置き土産を残しました。

２０２１年1月19日に、アメリカ政府として正式に、中国が新疆ウイグル地区で行っている行為を、ジェノサイドだと認定しました。これは非常に大きな出来事です。

掛谷　そこはポンペオさん、最後に本当に頑張りましたよね。最後の最後に経済的ないろいろな規制なども中国に課したりして、本当にやれることを全部やって、バイデン政権にバトンを渡しました。あのときのポンペオさんは本当に素晴らしかったと私は思っています。

石　ポンペオさんは実に立派でした。バイデン政権になると、ひょっとしたらジェノサイド認定も取り消すかもしれないと考えていた人もいました。しかし結局、バイデン政権もそのまま踏襲しました。

掛谷　バイデン政権のブリンケン国務長官も対中国についてはよくやっていると私は思っています。

石　その動きが大きな流れになり、2021年になってから、まずカナダの議会が、中国のウイグル問題をジェノサイドだと認定し、非難する決議を出しました。その後、オランダ議会やイギリス議会も同じ決議を出しました。さらに3月22日には、アメリカ、カナダ、EU、イギリスが、同時に新疆ウイグル地区のジェノサイドに関して、中国の高官たちに制裁を発動しました。

その流れがさらに広がり、2021年6月13日に閉幕した先進7カ国首脳会議（G7サミット）も「中国による新疆ウイグル自治区での人権侵害を念頭に、国際サプライチェーン（供給網）における強制労働の根絶へ連携を強化する」と表明しました。

7月にアメリカのシャーマン国務副長官が訪中した際にも、この問題を採り上げました。新型コロナの発生源の追究の流れと、ほぼ同時進行的に、中国の人権抑圧をもう許さないということも、世界の大きな流れになっています。

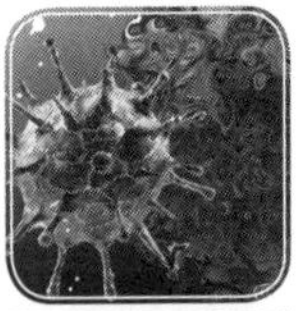

“対岸の火事”から“我が身”——世界の認識が変化した

石　2つの流れがほぼ同時に進行しているというのが現在の世界で起こっている歴史的な変化です。因果関係はわかりませんが、同時に起きていることが中国を攻撃する大きな力になっています。そういう面では掛谷さんはどうお考えですか。

掛谷　私の見解なんですが、中国の人権問題って昔からたくさんあったわけですよね？

石　そうです。

掛谷　天安門事件があり、チベット問題があり、香港問題がある。実はここ1、2年で起きているわけではなく、昔からずっとあって……。

石　おっしゃるとおりです。中国の共産党政権は成立した時からずっと人権抑圧をやってきています。

掛谷　ただ、やはり、しょせん多くの人たちは自分に被害がないものにはなかなか関心が向かなかったんだと思うんです。

石　そうです。世界の中でそう思っている人は多いですね。

掛谷　新型コロナは中国から始まった。起源は確かにまだ証明されていませんが、石平先生がおっしゃったように、中国が最初に情報を隠蔽したから世界中に広がったのは事実です。要するに、ヒトからヒトに感染するということがわかっていたのに、それを隠して武漢の人たちに世界中に旅行させた。そのことにより、全世界的なパンデミックになりました。このことは、もう間違いありません。世界中の人たちが理解しています。中国という西側とは異なった体制により自分に被害が及ぶと、やはり人間って怒りだすんですね。

石　それは怒りますね。

掛谷　民主主義の国の政治家は、選挙に通らないといけないので、当然、世論を見ています。そうすると、自分の国の有権者が中国に対して怒っているという事実を見る。中国に対して厳しくすることが恐らくこれまでは票につながらなかったんですが、この新型コロナ問題により、票につながるように変わってきたのではないかと思います。

石　なるほど、中国に対する各国の有権者の認識変化が自国政府の対中姿勢に大きく影響しているのですね。

掛谷　ですから、もちろん新型コロナの起源の話は、科学的に非常に難しい話で、慎重を要する問題なのですが、人権問題は先にやれるので、まずは人権問題で中国を責めた。その後、新型コロナの起源に関しても、かなり議論しやすい状態になったので、アメリカの上院議員も下院議員も、それこそ、民主党であれ、共和党であれ、その問題を扱い始めた。今までは、有権者には中国との商売もあるので、政治家は中国に対して厳しい意見は言いづらいという民主主義の悪い面が出ていたのですが、新型コロナ問題で有権者にとっても中国は明確な批判対象となり、民主主義のいい面が出てきたのかな、というのが私の認識なのですが。

石　実は掛谷さんのお話には、私から見ると非常に面白くて興味深いご指摘がありました。私も同感です。新型コロナウイルス問題が起こり、世界の人々にとって中国の人権侵害がもう他人事ではなくなってしまったんですね。例えば新型コロナが発生した当時の中国政府のやり方です。中国の李文亮《りぶんりょう》医師がコロナのことをＳＮＳで発信しただけで、拘束されて罪を押しつけられた。それは言論を封じ込めた重大な人権侵害ですよ。

こうした人権侵害は、これまで中国では数え切れないほどあったのですが、国際社会がそれほど動かなかったのは、まさにご指摘のように、中国国内の問題であり、自分たちには関係がなかったからです。

例えば毛沢東時代。あの頃、中国は国際社会とはつながっていなかった。要するに鎖国した状態でしたので、中国国内で何が起ころうと、われわれとは関係がなかった。鄧小平時代の天安門事件の時も同じです。天安門で、どれほど多くの人々が殺されたか？　アメリカ人も日本人も、みんなびっくり仰天して同情はするのですが、しかし基本的には「中国の国内問題」だと考えていた。
　ところが天安門事件以後のこの数十年間で、経済的に、人的交流的に、良くも悪くも中国は世界とつながってしまったんです。

掛谷　はい。

石　新型コロナウイルスも、もしも毛沢東時代に中国で発生したとしても、外部世界に害を及ぼすことはほとんどなかった。外の世界とは交流がなかったので、被害が及ぶことはなかった。ところが2020年には、新型コロナウイルスが武漢市ですでに感染拡大している最中も、武漢から世界中に国際便が飛んでいましたので、あっという間に世界中に感染が広がってしまった。

掛谷　そうですね。

石　新型コロナウイルスの世界的な感染拡大が起こり、中国国内の情報隠蔽にしても人権抑圧にしても、それはもはや「中国の国内問題」に止まらず、「中国国内の問題がわれわれの生活や命を脅かす、自由世界を大きく脅かす」ということが実に明確にわかってしまったんです。これが一つの大きな変化なのです。逆に、現代の中国問題の難しさもはっきりと世界中の人々が理解した。毛沢東時代には中国問題はあくまでも中国国内の問題でしかなかった。ところが現在は、すべての中国問題が直《ただ》ちに国際社会にとっての問題になる。この時代の危うさも、ここにあります。

掛谷　はい。

石　今の時代、もはや中国の一国独裁は、一国だけ、中国国内の問題として片づけることができなくなった。残念ながら中国にはそのぐらいのサイズがある。北朝鮮ならば、勝手にやればいいという感じですが（笑）。コロナ禍で起きた大きな変化は、「中国問題がもはや単なる中国国内問題ではなくなった」ということを世界の人々が明確に理解したということです。中国国内の問題を、自由世界、国際社会も座視できなくなったということです。

しかし問題は、そういう国際社会の認識の変化を、中国自身は理解していないんですよ。

掛谷　なるほど。

石　ですから習近平は、ウイグル問題も国内の言論の封じ込めも、国内問題だと主張する。国際社会に対して「内政干渉するな」と言う。しかし、中国は自由社会から大きな利益を得ています。例えばアメリカが市場を開放したことで、中国でどれほどの産業が繁栄できたか？　国際社会が市場を開放したことで、中国の商品がどれほど売れて、そのことにより、どれほどの雇用が生み出されたか？　あるいは、各国の資本が中国に入ったことで、中国はどれほど豊かになったか? 中国は自由主義国の市場開放により、大きな恩恵を受けながらも、自分たちは頑《かたく》なに自分たちの体制、前近代的な体制を固持し、国際社会の声にも一切耳を傾けない。そこに(力を込めて)大国になった中国という存在と、国際社会の考え方、あるいは国際社会が中国に期待することとの、大きなギャップがあるんですね。

掛谷 中国が大国になったにもかかわらず、国際社会の声を聞かないような存在になってしまったのは、日本ではオバマ政権が中国に甘すぎたのが原因だと言う人がよくいるんですが、一番罪深いのはブッシュ・ジュニア政権だと私は思っています。

石 それは、どういうことなんですか?

掛谷 2001年に、中国をWTO(世界貿易機関)に加盟させたのは、ブッシュ・ジュニアですから。

石 なるほど、確かにそうでしたね。

掛谷 ニュート・ギングリッチという米国の元連邦下院議長がいますが、彼は2019年に『トランプ対チャイナ』という題の本を出しています。その本によると、彼自身も2001年に中国をWTOに入れることに賛成だった。なぜかというと、「国際社会に入れれば、中国も国際社会のルールに従うようになる」と信じていたらしいんです。

石　アメリカ人の幻想ですね。

掛谷　ですから、共和党の議員ですら甘かったんですよ。ただ当時は、今から思い起こすと、アメリカにとっての最大の敵はイスラムでした。ブッシュ・ジュニア政権は、戦う敵がイスラムと中国の二正面作戦になるのは避けたかったので、中国とは手を結んでイスラムと対決するという選択肢を選んだんですね。

しかしながら、国際社会に入ることによって中国は莫大な利益を得て、アメリカがイスラムと戦っているうちに、どんどん大きくなってしまった。その後、オバマ政権下でさらに力を持ってしまった。ようやくトランプ政権になって修正が利《き》いたんですが、2001年から2016年のトランプが大統領になるまでの15年間というものは、中国はたっぷりと力をつけるだけの、本当に十分な時間をもらったのです。

ギングリッチ自身も、ものすごく反省しているんですが、中国は国際社会に入れてもそのルールには従わないということは、少なからずの人が最初からわかっていた。石平先生も同じ考えだと思いますし、私もそうなんです。日本人の多くも「中国は国際社会を利用するだけで、中国自体は変わらない」と考えていたと思うんですよ。ところが、ブッシュ・ジュニアやオバマ政権は、あまりに楽観的すぎた。アメリカ人というのは理想主義というか、ものの考え方が甘い（笑）。私は、アメリカ人は左右関係なく理想主義で甘いと思いますね。

石　今、ブッシュ・ジュニアが甘いというお話が出ましたが、実はパパ・ブッシュも甘い（笑）。天安門事件の時に、アメリカが先頭に立って中国に制裁を加えました。しかし、あとでわかった話なのですが、制裁している間に、パパ・ブッシュが特使を鄧小平の下に送って、「中国と敵対する意思はないよ」と伝えた。このことで鄧小平は、もう西側の足元を完全に見透かした。要するに、中国市場がある限り、西側諸国は本格的には中国を攻撃しないと確信した。

中国共産党は、唯物主義ですわね。資本主義よりも資本主義的な考え方です。だから資本主義はどうせ金がすべてという考え方だとよくわかっています。資本主義が金がすべてという考え方ならば、アメリカの政治家も結局、金がすべて。だから中国共産党からすれば、中国市場を狙うアメリカ資本を味方につけることによって、アメリカという国はいくらでも操縦することができる。唯物主義の彼らはそう考えたのです。

掛谷　（うなずく）。

石　パパ・ブッシュが鄧小平に特使を送ったことで、中国共産党は変な自信をつけた。要するに、天安門であれほどの虐殺を行ったとしても、アメリカは本気になって中国と敵対することはない。それならば、中国国内でどんなことをやっても、西側は決して中国の行動を止めること、あるいは、中国に対して強く出ることは絶対にしない。

この断固とした信念は、西側諸国とのつき合いで、彼らからすればもういくらでも裏付けられて、実証されましたから、この信念で鄧小平から習近平までいったんです。

掛谷　はい。

石　習近平が、例えば新疆ウイグル地区で、私たちからすればとんでもないことを行った。100万単位のウイグル人を収容所に入れて言語道断の人権弾圧を行った。しかしその際、習近平らは国際社会からの反応を一切考慮に入れていない。結局、基本的な考え方は鄧小平時代からずっと受け継がれている。要するに、「われわれがどんなことをやっても、人権抑圧をしようと、何をしようと、どうせお前たちは、中国市場欲しさに本気になって文句は言えないやろう。言えるならば言ってみい」というような、完全に西側をなめ切った考え方をしている。

しかも、中国にそんな認識をさせたのは、パパ・ブッシュだけではない。わが日本国にも、そういった中国の人権を抑圧する国内問題を容認した日本国にも、大きな責任がある。アメリカはパパ・ブッシュが特使を送った。他方、日本は天安門事件のあとで率先して中国に対する制裁を解除して、天皇陛下の訪中までしてしまった。そのおかげで、中国は完全に国際社会に復帰できた。トランプ政権になってやっとアメリカは、民主党にしても共和党にしても、そういう中国に対する甘い考えからある程度、脱出したとは思うんですが、現状はどうでしょうか。

掛谷　私も不勉強で、ブッシュのお父さんがそんなに中国に甘かったとは。あそこは親子ともに甘いなという（笑）。

石　甘い。これは、中国内部だけでなく、すでにけっこう公《おおやけ》になっている話です。パパ・ブッシュが秘密裏に鄧小平に「中国を制裁せざるを得ない。しかし、中国と敵対する意思はないよ」と伝えた。それを受けて鄧小平が、国内で、「みんな慌てることはないよ。慌てることは何もない。われわれが、われわれのやり方でちゃんとやっても、西側はわれわれに対してどうすることもできない」と説明した。

まあ、そういう意味では、先ほど掛谷さんがおっしゃったように、この数十年の悪夢というか、天安門事件以後の長い悪夢が続きましたが、コロナ禍を経て、やっと世界がね、まずアメリカがこの悪夢から多少、目覚めたような、そんな雰囲気になっているんですね。

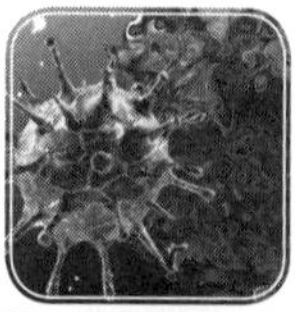

西側諸国の中国包囲網に さらに反発を強める習近平

掛谷　アメリカは二大政党で、かつ、小選挙区で予備選挙がある。そのため日本よりも、民主主義の良さが活きるシステムになっているんです。

石　というのは？

掛谷　アメリカのシステムであれば、権力が分散するんです。しかも党議拘束もありませんから、それぞれの議員が自分の信条に従って議会で投票できます。しかしながら日本の場合は小選挙区なのに予備選がありませんから、誰が出馬するかということに関して、幹事長に決定権がある。しかも党議拘束もほとんどの場合あります。

　ですから中国からすると、いろいろな工作をする場合に、日本はやりやすい。アメリカであれば、民主主義が進んでいて、要するに権力が分散しているので、全部のところに工作をするわけにはいかない。

石　それはそうですね。

掛谷　アメリカでも、２０２０年末に民主党のスウォルウェル下院議員がハニートラップに引っかかっていたということで話題になったというようなことはありますが、民主党の議員全員に工作はできませんので、民主党にもけっこう反中的な議員がいるわけですね。ですから、ウイグル問題なども超党派でできる。しかし日本の場合は、小選挙区で予備選がありませんから、権力が、公明党にしても自民党にしても、党の執行部にありますので、中国はそこを点で攻撃できる。

中国みたいな国に対抗するためには、民主主義の良い部分、権力が分散している状態をつくるのが私は大事だと思っているのですが、日本は結局、分散ができないから、やられ放題なのかなと考えているのです。

石　正直、日本は２０２１年6月の国会で対中非難決議の一つも通らなかったことに、私はがっかりしています。しかもあの決議自体が、非常に生ぬるいもので、中国の国名さえ出していない。それでも通らなかった。私は中国から日本に帰化しましたが、一日本国民として本当に恥ずかしい。その一方、アメリカが目覚め始め、ヨーロッパも、ＥＵも、徐々に中国を糾弾する雰囲気になってきています。

掛谷　日本は、自民党や公明党はともかく、国民民主党、日本維新の会など、あのあたりの政党は予備選をやればいいのに、と私は考えているんですよ。

石　そうすべきですね。

掛谷　ある政党が予備選をやり始めれば、その党の予備選が盛り上がりますので、話題になって選挙にも勝ちやすくなります。そうすれば、ほかの政党も負けずに予備選をしなきゃという話になると思います。とにかく中国のように力のある個人に工作を仕掛ける国に対して、どうやって民主主義を守りながら工作に強い国になるかということを考えないと。結局、オーストラリアもやられていたし、アメリカもやられていたし、すべての先進国に工作は入っているわけですよね。ただ、工作に対する押し返しというのは、特にオーストラリアなんて非常にうまくできた例で……。

石　そうですね。

掛谷　ですから、日本も今まさに、工作に対する手を打たないといけない。しかしながら、恐らくは現在、最も工作への対処、脱中国で、一番遅れているのが日本なんですよ。その原因は何かというと、ずっとお話をしていますように権力の分散が十分ではないので、首根っこを掴まれているんです。

自民党や公明党の執行部みたいなところを押さえられているので、日本は動けない。そこをなんとかしないと。ほかの先進国が一生懸命に頑張って、脱中国をしようとしているのに、現在は日本から崩されているので、また天安門事件のあとと同じようなことが起きかねないと思っています。ですから、これから対中国として、日本がしなければいけないことがたくさんあるなと思っているんですよ。

石　日本が現在のような状況でそのままいけば、むしろ心配されるのは日本自身でしょう。要するに、このままでは、例えば自由世界の国々に、「やはり日本は特殊な国であり、人権問題に無関心、無頓着な国で、普遍的な価値観をわれわれと日本は果たして共有できるのか？」という疑問が生まれてくる。このことは、日本にとって不名誉なことであると同時に、国益上においてもいろいろな意味で大変なマイナスです。日本はその点をわかっていない。

掛谷　おっしゃるとおりです。

石　もう一つ大きな問題があります。温度差はありますが、現在の流れは、要するに国際社会が中国問題の危険性を認識して、しかも単なる中国の国内問題ではなく、自分たちの問題として、中国の人権抑圧を許さない、現在のやり方を許せない、という方向に進んでいます。ところが、そういう国際社会の流れに対して、中国はむしろ（力を込めて）逆の方向に向かおうとしているのです。というのは、「国際社会がそれほど憂慮《ゆうりょ》している」「これほど関心が高まっている」となると、本来ならば、中国の選択肢の一つが、「批判がもうここまで高まってくれば国際社会に配慮して、自分たちのやり方を変えようじゃないか」、あるいは、「批判されている部分を抑えて、もうちょっと上手に国際社会と渡り合おう」という方向に向かうはずなんです。

しかし、残念ながら習近平政権の下で、中国はむしろ逆の方向に走り出しているんです。要するに、国際社会の中国に対する認識の変化と批判をねじ曲がった方向に解釈し、「国際社会がわれわれ中国をいじめている」と考えているんです。

掛谷　なるほど。

石　要するに、周りが悪いと考える。俺たちは少しも悪くないのにアメリカがあちこちを扇動《せんどう》して、反中国を煽《あお》り立てて中国を封じ込め、成長を止めようとしている。政府がそういった宣伝をすると、中国国内は西側諸国に敵愾心《てきがいしん》を持つようになる。

例えば2021年7月に、河南省の鄭州《ていしゅう》で水害がありました。中国ではたびたび水害があり、外国の記者が取材に来るのですが、今回は、鄭州では取材に来た記者を市民が攻撃するんです。記者が悪いわけでもなんでもないのに、袋叩きにして、「お前たち、帰れ。

帰らないと殺すぞ」みたいなことを言うわけです。

掛谷　ひどい。

石　中国国内の動きを見ると、要するに中国問題に関して、国際社会から批判が強まっている。それを受け入れて自分たちのやり方を変えようという方向ではなく、逆にますます被害妄想に取り憑《つ》かれて、しかも政権がこの被害妄想を煽り立てることで政権の求心力を高めようとしている。その結果、国民は対外的に団結するようになる。中国政府はそういった方向に持っていく。

掛谷　はい。

石　そうなるとですよ、中国の普通とは逆の姿勢は、さらに国際社会、西側を刺激する。例えば鄭州市で起こった記者に対する攻撃。この事件が西側で報道されると、西側では中国はやはり異常だと考える。この連鎖で、中国と世界の対立はますます激しくなる。現在の習近平政権の下では、この方向への流れが加速しています。

それでは、たどり着くところはどこかと問われれば、想像を絶するのですが。

掛谷　私は中国と世界の対立が激しくなるのはいいことなのかな、と思っているところがありまして。

石　というのは？

掛谷　冷戦みたいになるということですね。昔の米ソ冷戦のような形に。その形になるほうが西側にはプラスではないかと。今までのように中国が国際社会にある種、取り込まれている状態ですと、西側の情報は中国へと行くのに、中国は情報を西側に出さないので、中国ばかりが得をする。そんな状態がこれ以上続いてしまうと、中国とアメリカの力のバランスが逆転して……。

石　うんうん。

掛谷　そういうふうに逆転したあとに、中国が一気に世界を独裁的に支配するような危機が起こる可能性がありますが、まだ自由主義国と中国の力関係が、各国が協力すれば自由主義国の力が大きいうちに分断が起こると、いわゆる昔の東西冷戦と同じような構図になる。お互いが情報を出さなくなれば、中国がこれ以上大きくなるのを防ぐことができる。ですから、現在のような形で冷戦になっていったほうが、逆に世界中が中国独裁の支配下に置かれてしまうのを防ぐことになるのではないかと、私は見ています。石平先生は、そのあたりはどうお考えですか？

石　それね、私もまったく同感です。要するに自由世界と中国との対立がより一層明確に、徹底的なものとなったほうが良いと思います。考えてみれば、実は習近平政権以前は、現在とは逆の意味で危険な方向に向かっていたんです。

掛谷　そうですね。

石　要するに、胡錦濤政権までは、ソフトな仮面をかぶって「世界中、仲良くしようよ。われわれもいい方向に向かうよ」と言っていた。いわゆる鄧小平の「韜光養晦《とうこうようかい》」戦略で、野心を覆い隠して仮面をかぶる作戦。あれでけっこう世界中が騙《だま》されていたんです。正直、胡錦濤政権のあとでも鄧小平流の「韜光養晦」がそのまま十年でも二十年でも続いたら、世界が知らないうちに中国の支配下に入ってしまったかもしれません。幸い、習近平政権になってから流れが変わった。習近平のやり方が、馬鹿といえば馬鹿なのは、赤裸々に仮面を捨ててしまったんです。むしろ、自分たちの本性をむき出しにしたんです。しかし、今後の歴史からすれば、中国にとっての最も大きな失敗が、この仮面を捨てたことが10年早かったということになるかもしれません。

掛谷　私もそう思います。

石　もしも習近平が非常に賢明な指導者であって、引き続き、あと10年ね、徹底的に仮面をかぶる戦略をとっていたとする。そうすると、西側との結びつきが強くなり、資本、サプライチェーン、いろいろな意味で現在よりもさらに緊密化していけば、いざとなったとき、もう西側はどうにもならない状態になってしまう。

だから、そういう意味では、掛谷さんが非常に大事なことを指摘された。現在は、良い面から考えると、世界中、まぁ温度差はありますが、徐々に中国の問題、特異性と異質性と危険性に気がついてきた。それは別の言い方をすれば、中国と距離を置き始めたんです。

それでも西側には、やはり現在も中国に非常に期待している国もあって、例えば2020年の年末にEUと中国の間で、投資協定まで合意しました。EU側はメルケルの主導下でね。しかし幸い、2021年になって、いわゆる人権問題の応酬のなかで、EU議会は投資協定の批准《ひじゅん》を凍結したんですわな。今後どうなるかはわかりませんが。

掛谷　そうですね。

石　そういう意味では、良い面からすれば、2020年から新型コロナウイルス、香港、いろいろな出来事があり、世界が徐々に中国問題に対するこれまでの認識を改め始めた。しかし、それとは別に憂慮する面もあり、それは中国がより攻撃的になっていることです。掛谷さんのおっしゃるように冷戦状態になって分断すればいいのですが、しかし中国自身がつくりだした孤立化がますます進んで深刻化していくと、あの国独自の被害妄想がますますます強くなる。その結果、中国が対外的にますます攻撃的になる可能性がある。

掛谷　しかし石平先生もおっしゃるように、温度差はあれ、現在、世界中が中国の特異性、異質性に目覚め、中国包囲網を敷きつつある。

石　米中関係も緊張感を高めています。安全保障の面においても、変化が起きています。2020年からアジア太平洋周辺の国々も、EU諸国、ヨーロッパ諸国も、中国に対して危機感を強め、中国包囲網ができつつあります。

例えば、インド太平洋地域では、ご存知のように、「自由で開かれたインド太平洋を守る」という日米豪印での4カ国連携が、徐々に形として出来上がっています。もちろん、まだ途中ですがね。2021年には、フランス海軍もイギリス海軍もアジアの海にやってきて、自衛隊、米軍と連携する予定です。

掛谷　はい。

石　日米同盟も、明確に中国問題を持ち出しています。2021年3月開催の日米2プラス2は、中国を名指しで批判して「深刻な懸念」を表明した。もう一つは、6月14日のG7サミットのあとで、バイデン大統領がイギリスでNATO（北大西洋条約機構）の首脳会議に出席したんですよ。ご存知のようにNATOというのはもともとソ連の脅威に対抗して、西側諸国を守るための軍事同盟だったのですが、ソ連はもう崩壊してなくなってから数十年も経ちました。ある意味では、NATOはその存在意義すら失いかけているんです。しかし6月14日に行われたNATOの首脳会議における共同声明は、初めて中国を持ち出したんです。中国が同盟国にとって体制上の挑戦であると。1つや2つの政策上の挑戦ではなくて体制上の挑戦だと位置づけた。要するにNATOも対旧ソ連のNATOから徐々に対中国のNATOに移行しつつあるんです。

掛谷　中国への包囲網が必要なのは、地政学的な視点からだけではありません。中国は統一戦線工作を行っています。

石　おっしゃるとおりです。

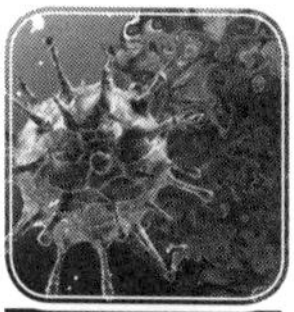

孤立を深める中国の次なる一手とは？

掛谷　軍事的な話で言えば、私自身、学者側にいますので、そうするとよく出てくるのは、軍事技術を盗まれているという話です。新型コロナウイルスに関しては、NIH（アメリカ国立衛生研究所）のお金が武漢ウイルス研究所に流れていたという話もありますが、実は、「軍関係の予算も中国へと流れていたのでは？」という話もあって……。

石　そうなのですか？

掛谷　ですから、要するにアメリカが国家として中国に対抗するという方針があったとしても、いわゆる個々の学者とか、そういったレベルで中国に協力する人たちがいて、情報やお金が漏《も》れている。ハーバード大学の学者が２０２０年に摘発されましたが、類似のことがたくさん起きています。

石　憂慮すべき時代ですね。

掛谷　例えば、アメリカの学者のエピソードでお話をしますと、ＵＣバークレー（カリフォルニア大学バークレー校）にムラー名誉教授という天文物理学者がいらっしゃいます。彼が新型コロナの起源に学者として興味を持って、自分の知り合いの生物系の学者に、「論文を読むのを手伝ってくれないか」と頼んだら「嫌だ」と言われたんですよ。「それでは学生に手伝わせてくれ」と頼んだのですが、それでも断られた。

なぜかというと、みんな中国と共同研究をしていて、新型コロナの起源について調べていることがわかってしまうと、それが続けられなくなってしまうからなんです。

また別の先生は、トランプが研究所起源説を唱えているから、それに加担するようなことは絶対にしないと言ったそうです（笑）。

反トランプは置いておいても、彼らにとって大切なのは中国と共同研究をして、論文を書くことなんです。じゃあ、どうして彼らが中国と共同研究がしたいのかというと、実は中国は規制が甘い。ですから、アメリカだとできないような研究ができるんです。

石　それが「中国の魅力」の一つですよ。

掛谷　彼らはそうやって中国と共同研究をして論文を書き、出世したいわけです。その研究が軍事的に生物学兵器として使われて、自由世界が危機になるとか、そんなことは何も考えていないような人たちが、実は今、研究者をやっているんです。

石　まるで自由世界が自分たちの首を絞めるような話ですね。

掛谷　ですから、どんどんそういうところから、軍事に使える技術が、バイオにしても、ＡＩにしても何にしても、中国に吸い取られていくということが起きていて。

石　日本の状況はどうですか？

掛谷　日本でも、ある重鎮の先生が中国との学術交流で、「最近、日本も輸出管理が厳しくなってきているので、これからは科学では協力するけれども、技術の部分では一線を引いてやっていかないか」と言ったら、中国側がものすごく怒り出した。「科学と技術は一体だから、切り離せない」と。結局、その先生はびびっちゃった。「そういうことがあったんですが、私はどうすればいいでしょうか？」と、あるシンポジウムで話されていたんですね。

石　結局、中国は「学術交流」を通じて日本の技術を盗みたいだけなのですね。

掛谷　私は最近考えるのですが、アメリカも日本も、日本は特にそうだと思うのですが、結局エリートの人って、基本的に事なかれ主義というか、自分が出世することだけを考えていて、世の中のためとか社会のためとか、考えないように教育されているんじゃないかと。そういったエリートたちが今、先進国全体で増加しているのではないかと。

石　そうかもしれませんね。

掛谷　ですから、そこをうまく中国に衝《つ》かれているような気がします。最近私は、ある仮説を立てたんですよ。これは有名な話なんですが、フランスの学者、エマニュエル・トッドが共産主義にハマる国とそうでない国の特徴というので、すごく面白いことを言っています。トッド氏によると、中国の家族制度では、財産を兄弟全員に平等に相続させると聞いているんですけれども……。

石　そのとおりです。

掛谷　そうですよね。共産主義は、親が絶対で、子供には平等に相続させるような国に多いのだそうです。

石　なるほど、そういうことですね。

掛谷　ロシアやベトナムもそうです。日本やドイツは長男が全部相続する伝統がある。

石　そうですね。違いはまさにここにあるのです。

掛谷　そういった国は、技術を伝承させるのがうまいんだそうです。イギリスとアメリカは核家族で、もう一定の年になったら家から出ていく。そういう国はイノベーションが起きやすい。ただそれは過去の話で、日本もほかの国も今、変わってきているじゃないですか。日本もだいたい子供が平等に相続するような形になって、ちょっと共産主義になる国の制度に近づいているんですよね。

石　いろいろな意味において、今の日本は中国よりも「社会主義的」になっていますね。

掛谷　さらに、日本で共産主義にハマる人とそうでない人の違いは何かについて考えてみたんです。私の仮説はこうです。ずっと進学校にいて、大学もいい大学に行くような人は、親がすごく権威主義的で、成績がいいとお小遣いがもらえるとか（笑）、そういうタイプの教育を受けているんですよ。そういう人ほど共産主義にハマりやすいのではないかと。逆にお手伝いをするとお小遣いをもらえるというのは資本主義そのものですよね。そういう人は共産主義にハマらないのでないかと。私はお手伝いをするとお小遣いがもらえたんですよ。石平先生はどっちでした？　お手伝いをするとお小遣いがもらえました？　それとも成績がいいとお小遣いがもらえました？

石　われわれの、僕の子供の時代は、基本的にお小遣いはもらえなかったですね。超貧乏な時代。しかし、掛谷さんがお話しになった日本の学会、そういう中国との癒着例。これは私にとって新鮮であって、びっくりする面があるんですけれども、考えてみれば、統一戦線という話も出ましたが、ある意味では、それが中国の一番すごいところですよ。

掛谷　おっしゃるとおりです。

石　彼らは、ご存知のように結党して間《ま》もなくしたら、国民党と一体化しました。

掛谷　はい。

石　コミンテルンの手配で、中国共産党の幹部はみんな国民党の幹部になった。毛沢東は国民党の宣伝部長にまでなった。それで、国民党の軍学校の中にも浸透して、そこから勢力を大きくしていった。それは共産党伝統の統一戦線戦略です。例えば習近平は中国共産党の100年を総括した演説の中で、わざと「統一戦線」という言葉を持ち出すんです。やっぱり、習近平自身が言っているように中国共産党は、この100年は成功したんですよ。結党当時は50数人の弱小政党でしたが、まず内戦に勝ち抜いて、政権まで獲《と》って、今では中国の政治、経済、あらゆるものを全部支配して、9千何百万人の、世界一の大政党になった。しかもあらゆる手段を通じて、世界的に影響力を行使している。

　そのなかで、彼らがよく使った手法の一つが、やはり、この「統一戦線」ですわね。だから、中国共産党には、統一戦線工作部という部門があるんです。

掛谷　（うなずく）。

石　中央にあるだけではなく、各地方の共産党委員会には必ず統一戦線工作部という部門があるんです。この部門のやる仕事は、要するに、共産党以外のあらゆる勢力、彼らからすれば、あらゆる利用価値のある人間を、きちんとなんとか捕まえて、中国共産党のために奉仕させる。外国人であろうと中国人であろうと、もう関係なく。

　さらに、外国の政党、政治勢力に対しても徹底的に浸透工作を行う。そのうえで、相手の国にもとことん浸透を行う。例えばこの数年間で暴露されましたが、彼らがオーストラリアでやっていた浸透工作はすごいものですよ。オーストラリアの元外相が中国のつくった研究所の所長になって、中国政府のまさに番犬になっちゃったんですよ。

掛谷　はい。

石　そのなかで、彼らの統一戦線のもう一つ大きな領域はね、国際関係においても、徹底的に統一戦線をやってきた。例えば毛沢東時代、朝鮮戦争などでアメリカと徹底的に対立していた時点では、旧ソ連と軍事同盟まで結んで、社会主義陣営の一員として生きてきた。しかし60年代に入ってから旧ソ連の共産党と共産主義陣営の主導権争いで敵対する関係になると、（力を込めて）一転してですよ、1972年に、アメリカのニクソン大統領（当時）の訪中を実現させたんですよ。あの頃、私も物心ついた段階でしたが、中国国民はみんなびっくりしたんですよ。その前、毎日、「アメリカ帝国主義打倒！」と叫んでいたのに、突然アメリカ帝国主義のボスが北京に来るという話になった。しかし彼らは見事に、その転換を、しかも簡単にやってしまった。

掛谷　（笑）。

石　さらに、同じ72年に日本とも国交回復をして。回復というよりも、むしろ、外交関係を結んだ。それによって完全に西側を取り込んだ。鄧小平の時代になると、さらにいわゆる韜光養晦戦略もあって、とにかく西側の国々とはできるだけいい関係をつくって、あちこちから技術と資金を導入する。そして中国の安いモノを世界中にね、輸出させる。これで中国経済を成長路線に乗せて、その結果、中国は世界第2位の大国になった。

そして習近平政権になった。ところが、習近平はもう、よほどのアホなのかわからないけれども、統一戦線を徐々に忘れているんですよ。それはこの数年間の彼らのパフォーマンス、外交を見ればわかる。例えば中国は昔、統一戦線を国家レベルで行うときには、決していくつかの国と同時にケンカをすることはしなかった。Aという国とケンカをするときにはB、C、D、E、F、G……いろいろな国と仲良くして、Aという国を孤立させたうえで、それで戦ってきた。

しかし最近、習近平は、あれは自信過剰になったのか、そもそも統一戦線のそういう要諦をね、本当は理解していないのかもしれないけれども、例えば２０２０年からはカナダともオーストラリアともケンカをするでしょう。オーストラリアとはあれほどいい関係だったのに、20年からはもう完全にいじめ始め、ケンカを始めた。それと同時にインドにも国境を挟んでケンカを売るんですね。香港をいじめたことで、イギリスともケンカ状態になって、気がついたらですね、もう周辺が敵だらけ（笑）。

掛谷　（笑）。

石　先ほどから二人で話しているコロナ以後の中国の孤立化も、私から見れば、統一戦線がこの数年間で変化して、現在はもう統一戦線どころか、戦狼外交になってしまっている。いや、戦狼外交というよりも、人と見れば噛み付くような狂犬外交です。中国の在仏大使館が、中国の批判をしたフランス人の学者を「ごろつき」「学者のコートをまとった狂犬」と罵倒までする。ここまでやったら中国は、もう孤立しないほうがおかしいいんじゃないかというような雰囲気になっています。

掛谷　そうですね。

石　それだけではありません。最近、もう一つ、注目すべき変化があったのは、以前、中国はアメリカを取り込むときに、徹底的にウォール街を味方にしたんです。だから2020年の年末に中国人民大学の有名な教授が、講演のなかで公然と、「われわれはアメリカを完全に掌握できるよ。なぜならば、ウォール街がわれわれの味方だから」と発言し、その実例も挙げていました。しかしね、最近、中国はいくつかのことでウォール街も敵に回しつつあるんですよ。その直接のきっかけが、中国で有名な配車サービスの会社、「滴滴出行」（D・i D・i）の上場で起こった問題です。

この会社は、要するにタクシーやライドシェア、自転車シェアリングなどのアプリベースでの交通サービスを手がける大手で中国国内でも1億人、世界では数億人の利用者がある。そして2021年の6月30日にニューヨーク市場に上場したんです。恐らくは中国政府との事前の打ち合わせが不十分ななかで、上場を強行したんですわね。そうすると、中国政府が猛烈にこの会社をいじめ始めたんです。そのために、上場した途端にこの会社の株価が暴落したんです。

掛谷　大変な問題になりましたね。

石　ええ。ウォール街が訴訟にさらされることになった。要するに損をした顧客に賠償しなければならない。その結果、中国はウォール街の信用をかなり失いました。

掛谷　続いて、中国の教育産業に対する規制問題も起こりました。

石　ええ。さらに最近になって、中国の学校外教育産業、要するに学習塾とか、そういう産業の大企業もいじめ始めて、それらの株が香港市場でもニューヨーク市場でも暴落した。そうなると、ウォール街はこれまで中国企業をアメリカ市場に上場させて大儲けをしてきたのですが、最近は、彼らも中国株の危険性を認識し始めて、距離を置き始めた。

中国は、これまでいろいろな意味でうまく立ち回ってきた。統一戦線外交も成功していた。ところが、先ほどから申し上げていますように、あちこちでボロが出始めたんです。

例えば、統一戦線工作の一つが、大学でいえば、孔子学院でしょう。あれはまさに統一戦線の先頭に立つものでした。しかし、現在アメリカではほぼ全面的に追い出されている。日本ではまだ健在ですが。そのような動きに関しては、掛谷さんはどうお考えですか？

掛谷　その前に、私は先ほどのお話の続きになってしまうのですが、要するに中国のそういった工作が効きやすい人と効きにくい人がいるんです。

石　なるほど。

掛谷　そこのところをよく見る必要があるんです。例えばアメリカだと、ミッチ・マコーネル上院議員などの例外はあるにせよ、トランプの側近だったマイク・ペンスなんてすごく特徴的なんですが、共和党の人はほとんどがもうキリスト教のバリバリの原理主義者です。ですから絶対にハニートラップなどの単純な工作には引っかからない。

石　そうですね。ペンスの場合、奥さんのいないところで女性と単独で食事しないのは有名ですね。

掛谷　逆に引っかかりやすいのは、先ほども述べましたが、親から厳しい教育を受けて、親の権威に従順に従って、親に褒《ほ》められたいというような形で勉強をしてきて、いい大学に入って学者になったり、官僚になったりした人たち。そういう人たちというのは、共産主義的なものにハマりやすい。親が絶対的な権威で、それに褒められることが目標で生きてきて、大人になった。大人になったあとは、親の代わり、それが例えば中国で言えば共産党であったり、アメリカの医学・生命科学界で言えばアンソニー・ファウチだったり、そういう権威に従って、そこで褒められることを目標にするタイプの人たちなんです。私にはそういった人が統一戦線工作にハマりやすいように見えます。

石　なるほど、優等生ほど罠にかかりやすいのですね。

掛谷　ですから、エリートである学者には中国にべったりしている人が多い。あと私は、日本で一番中国にとってメリットのあることをしているのは、財務省の役人だと思っているんですよ。

石　どういうことでしょうか。

掛谷　要するに、財務官僚が緊縮政策を進めるので、日本は、国の予算ではビジネスが難しくて、中国とビジネスを行うという方向に誘導されているんです。喜悦大学教授の髙橋洋一先生が、財務官僚のときに中国に行ったら、部屋に薬師丸ひろ子そっくりの女性が来たというお話をされていましたが（笑）。

石　あはは、それは髙橋先生が中国から高く評価されていることの証拠ではないのか（笑）。

掛谷　要するに中国はその官僚がどういう人が好みなのかまで、きちんと調べているという話で。当然、髙橋先生は、中国の工作には引っかかりませんでしたが、財務官僚の中にはけっこう引っかかっている人がいるんじゃないかと私は推測しています。

石　（爆笑）。掛谷さんはどうですか？　自分は引っかかるほうだと思いますか？

掛谷　私はあんまり、たぶん……。現在、気をつけています。大丈夫だと思います（笑）。これまでハニートラップにかかってこなかったので、こうして中国に対しても自由に、いろいろと言えています。

石　なるほど、髙橋洋一先生も掛谷さんも、中国のことを厳しく批判しているのは、お二人はハニートラップにかかってこなかったからなのですね。安心しました（笑）。

掛谷　ですから、中国に対するいろいろな対策で重要なことは、そういう工作にかかりにくい人を対中国の部署に登用することじゃないかな、と最近は考えています。単純に考えて、学歴エリートの人が、中国のある種、ヤクザみたいな権力闘争に勝ち抜いてきた人と、交渉で勝てるわけがないと思うんですよ（笑）。

石　それは大賛成です。

掛谷　ですから、私は中国大使などにはぜひ、猫組長（元ヤクザの評論家）のような人になっていただいて（笑）。

石　私も時々、似たような「問題発言」をしています。

掛谷　本当ですか⁉

石　日本の対中外交をうまくやっていくには東大卒、東大法学部卒では難しいんですよ。私は留学生時代に神戸に住んでいましたが、神戸の山手の何々組の威勢のいいお兄さんたちを、30名ぐらい集めて、基本的外交の訓練をさせて、その後、中国に派遣させれば、中国外交は絶対にうまくいくと（笑）。

掛谷　おっしゃるとおりです（笑）。外交において、中国のような国とうまくやっていくためには、エリートをうまくコントロールする、つまり、学歴エリートにすべてを支配させない仕組みをつくることが非常に重要だと考えています。

エリートには、ものすごくひ弱なところがたくさんある。ですから、「中国と共同研究ができなくなる」とすぐにびびっちゃう学者がたくさんいる。日本もアメリカも同じです。中国に「科学と技術は分けられないんだ」と恫喝されて、「どうすればいいんでしょうか？」となっちゃうような人たちが学歴エリートには多い。ですから、「いかに恫喝外交に屈しないような体制をつくるか」というのは、今後中国とつき合っていくうえで、大変重要なことじゃないかなと私は思っています。

石　ところで先ほどのお話に戻りますが、現在アメリカでは、すでに孔子学院はほとんど追い出されているという状況です。日本では、そういった動きはまったくないのですか？

掛谷　ないですね。私の勤めている大学には幸い孔子学院はありませんが、私立大学にはけっこうあります。今後、新型コロナの影響で、どうなるかはわかりませんが、今のところ、結局、中国からの留学生が来ないと大学の経営が成り立たないなどの状況もあり、孔子学院も必要ということになっています。一方で、アメリカは孔子学院だけでなく、中国の留学生全般に厳しくなり、中国にいる学生がアメリカに留学しづらくなっているという話です。

石　おっしゃるとおり。

掛谷　ですから、逆に日本に行くしかないかというような雰囲気があると聞いていますね。日本はその点、中国の工作に対してまだまだ甘いということなんだと思いますが。

第二章
バイデン体制以後の米中対立はこうなる

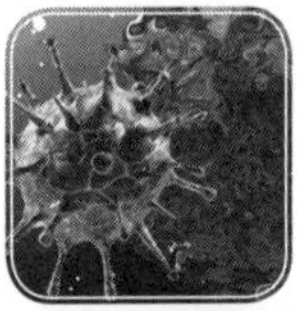

良い意味で期待を裏切ったアメリカ新政権の対中姿勢

石　先日、中国の学生がアメリカに留学しづらくなっているということと関連した重要な出来事がありました。7月26日にアメリカのシャーマン国務副長官が中国を訪問して、中国の謝鋒《しゃほう》外務次官、そして共産党政治局委員・外相の王毅《おうき》氏と相次いで会談しました。

掛谷　ええ。

石　その際、中国側はアメリカに対していろいろと要求を出したのですが、謝鋒外務次官が会談終了後に記者団に語ったところによると、中国はアメリカに対して「やめてほしいことのリスト」まで手渡しました。そのなかの一つが、「中国共産党員とその親族に対する入国ビザの制限」、もう一つが、「中国人留学生に対する入国制限」です。

掛谷　（うなずく）。

石　このニュースを見て、私もハッと気がついたのですが、要するにバイデン政権になってからも、中国共産党員の親族の入国を制限するという措置が、まだ相変わらず行われているんです。中国人留学生の制限もやっている。そこでどういう問題提起をしたいのかといいますと、バイデンとトランプが大統領選で争っていた当時、私は個人的にはトランプ支持派でした。別に投票権があるわけでもなく、トランプが好きというわけではなかったのですが、やはり、トランプ政権は、ブッシュ、オバマ政権以来の、中国に対する弱々しい姿勢、政策から転換して、部分的にでも中国に対する強硬姿勢をとったり、あるいは中国のこれ以上の暴走を許さない、という態度をとったりしてきました。そういう意味で、トランプ政権の継続を私は望みました。

他方で当時心配していたのは、要するに、バイデンはオバマ政権で副大統領だった頃、習近平と個人的な関係が非常に良かった。副大統領として中国を訪問した際に、彼のホスト役は、当時中国の副主席であった習近平でしたから、2人で四川省まで旅行し、さらに緊密な関係ができた。さらにバイデンの息子の……。

掛谷　ハンター・バイデン。

石　彼もバイデンが中国に連れて行き、ハンター・バイデンと中国のさまざまな癒着関係も噂されていました。

そのため、私も、もしもバイデン政権が誕生すれば、対中政策が、完全に、先ほど掛谷さんがおっしゃったブッシュ・ジュニアだとか、パパ・ブッシュとか、あるいは、オバマ的なものに戻る。あるいはそれ以上のものに発展してしまう。私はそのことを心配していました。逆に、中国側はね、当初、非常に期待していました。

掛谷 おっしゃるとおりです。

石 バイデン政権が誕生してすぐに中国側が言ったのは、「悪かったのはすべてトランプ。でもバイデン政権になったのだから、正しい道に戻ろう」ということでした。

しかし意外にも、2021年1月20日から今日までを見ておりますと、どうやら私の心配も、まったく杞憂《きゆう》に終わってしまって、むしろね、バイデン政権は着々と、しかも計画的に中国包囲網を進めているというふうに感じます。このあたり、掛谷さんはどう考えていらっしゃいますか？

掛谷 私も大統領選の頃は、基本的に石平先生と同じように思っていたんですよ。

石 そうでしたか。

掛谷 私も、トランプさんに再選していただいたほうが、対中強硬姿勢が続くので、日本にとってもいいかなと考えていました。しかも国務長官がスーザン・ライスになるかもしれないという話もあって……。

石　そうでした。

掛谷　彼女は非常に親中なので心配していたのですが、国務長官もブリンケンさんになりました。ケリーさんは現在、地球温暖化問題を担当していますが、彼もかなり親中で、ブリンケンさんはそんな彼の部下だった人ですから、懸念はされたのですが、今のところブリンケンさんは対中強硬姿勢をずっと貫いています。

一つ思うのは、確かにハンター・バイデンの件で、バイデンさんのある種のハニトラがネックになるかもしれないと考えていたんですが、その件は全部情報が出尽くしてしまったので、もう脅しのネタにはならなくなってしまったのではないかと……（笑）。

石　そうか、なるほど（笑）。

掛谷　ですから、ハニトラというか、その手の工作は、「バレていないうちは、それをネタにバラすぞ、と使えるが、バレてしまうと、もう使えない」みたいなところがあるのかなと思っているんです（笑）。

先ほどお話をしましたスウォルウェル下院議員の件などが問題になり、民主党内で膿《うみ》がある程度出ましたので、現在、中国のカードもあまりなくなってきているのかなという感じには見えています。

ですから、現在私が心配しているのは、バイデンさんの健康がどれだけ持つかということです。

石 それは確かにバイデン政権の不安要素の一つですね。

掛谷 現在の体制でいけばいいのですが、バイデンさんが体調を崩して、もしも大統領がカマラ・ハリスに代わったら、一気にひっくり返る可能性があると思っています。あの人は、ものすごく左なので。

石 そうですね。

掛谷 結局、民主党にも、いわゆるエスタブリッシュメント側の人たちと、極左みたいな人たちがいて、極左側には中国に甘い人たちも多いのですが、エスタブリッシュメント側の人たちにはやはり、まともな人が多く、中国に対してけっこう厳しい人が多い。

私も、新型コロナの起源などを追究しているなかで、アメリカの人たちと協業作業をやっていますす。例えば、ジェイミー・メッツルという人がいて、この人はクリントン政権で働いていた人で、民主党なんですよ。それなのに中国に対してはものすごく厳しく、新型コロナの起源をずっと追究しています。ＦＯＸにも出演しますし、ＣＮＮにもＣＢＳにも出演し、完全超党派でコロナの起源の追究を行っています。

そういった民主党支持で、なおかつ中国に対してはすごく厳しいという人たちは、それなりにアメリカにはいるんです。そのあたりの人たちが力を持つ状態になると、民主党政権が続いても、中国に対して厳しい姿勢を貫いてもらえるのかなと考えています。

ですから、私の一番の心配はカマラ・ハリス（笑）。

石　選挙前と逆に、われわれはバイデンが消えていくことを心配しないといけなくなっているんですわな（笑）。

掛谷　ですから、われわれはバイデンにはすごく優しくしてあげないと駄目なんです（笑）。

石　あははは（爆笑）。そういう意味ではわれわれは、まずバイデンさんに「すみません」の一言でも言ったほうがいいかもしれない（笑）。

掛谷　バイデンさんを追い込んでカマラ・ハリスに交代ということだけは、本当に避けないと。

石　なるほど。掛谷さんがおっしゃったようにハンター・バイデンのスキャンダルがすべて出尽くしたことで、中国はもうこれ以上バイデン政権に対するカードを握っていない状態にある。もう一つあるのが、ああいったスキャンダルが出てしまったことで、余計にバイデンは親中的な姿勢がとれなくなってしまったということです。

掛谷　それはあると思いますね。確かに。

石　親中的な態度を取ると、「お前、息子のためにやっているんじゃないか」という話になってしまう。

掛谷　おっしゃるとおり。

石　バイデンという人間、政治家としての基本姿勢、あるいは彼の対中観などで、掛谷さんが把握しているものはありますか？　どうでしょう？

掛谷　バイデンさんはこれまでだと、どちらかといえば親中だと言われてきたと思うのですが、現在はどちらかというと、もう外交はブリンケンさんに丸投げしているのかなぁというか（笑）。

石　トップダウンのトランプと違って、バイデンさんのリーダーとしてのスタイルですね。

掛谷　先ほど私がジェイミー・メッツルの例を出しましたが、バイデンさんは、いわゆる民主党のエスタブリッシュメント側のグループに外交は丸投げしていて、そのあたりにはけっこう対中強硬派の人たちが多い。特に人権問題に関して。

外交は外交で危惧している問題もありますが、アメリカに関して一番心配しているのは、国内問題です。アメリカは国内問題で荒れていることがものすごく多い。

石　そうですね。アメリカ国内の分断は特に問題です。

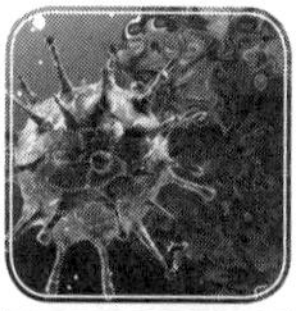

国内問題で足並み揃いきらぬアメリカの分断を狙う中国

掛谷　バイデン政権も、外交も国内問題も両方というのがなかなか困難です。現在、アメリカの抱えている国内問題は、本当に山ほどあります。

まず一つは国境の問題です。トランプさんはかなり厳しい姿勢でしたが、それが甘くなる可能性があります。そうすれば移民が大量に押し寄せてくる。彼らを全員入れると混乱するからといって、やっぱり入れないということになると、扱いがひどいんじゃないかと民主党支持の左翼の側から突き上げを食らう。

もちろん、新型コロナの問題もありますし、前回の選挙で問題になった投票の厳格化の問題。銃の問題も相変わらず時々犯罪が起きていますし、妊娠中絶の話、ドラッグの話。

とにかくアメリカは現在、国内問題で、あまりにも左と右の対立の種になる問題が山ほどある。

ですから、アメリカの政治家は、どちらかというとアメリカの国内が大変なんです。もちろんバイデンさんもアメリカの国内問題をどう収拾させるかのほうに頭を悩ませていると思います。そのため、外交は国務省、ブリンケンさんたちに丸投げという感覚なのかなという印象があります。とにかく現在のアメリカでは、もう独立したいと言っている州などもけっこうありまして（笑）、いわゆるレッド・ステート、ブルー・ステート、共和党側と民主党側で価値観の対立が深い。

私が現在、最も心配しているのは、アメリカが分裂することによって、外交や軍事的な機能を失ってしまうことです。

石　それは大変なことです。

掛谷　それを衝いて、中国が出てくる可能性がある。中国にしてみれば、アメリカの国内の対立を煽るのが、自分たちの窮地を打開する、恐らくは最も効果的な策になりますので、中国はそのあたりの工作を仕掛けてくるのではと、非常に心配しています。

石　なるほど。確かに、特に2020年の大統領選以来、黒人のジョージ・フロイドさんが死亡する事件など、いろいろなことがあり、アメリカ社会が分断する未曾有《みぞう》で危機的な状況だと言われています。

しかし逆にね、アメリカの歴史を振り返ってみると、例えばパパ・ブッシュのときに、イラク問題が起こり、あるいは、ブッシュ・ジュニアのときに、ビン・ラディンの国際貿易センターのテロ事件があり、その結果、アメリカは一気に団結した。そういう意味では、アメリカにはけっこう回復力もあり、自国にとって何らかの大変な脅威が起これば、一気に団結します。それについてはどうお考えですか？

掛谷　私は、もしもこれからアメリカが再団結するとすれば、その一番のきっかけとなるのは、新型コロナウイルスの起源が中国の研究所だったと証明されることだと思っています。これは団結の最も大きな力になりますよ。

石　なるほど。新型コロナはビン・ラディンのテロとほぼ同じようなインパクトがアメリカにとってはありますからね。

掛谷　今後、アメリカがさらに調査を進め、新型コロナが人工的につくられたものであること、起源が武漢ウイルス研究所にあること、これを証明したということを、ちゃんと説得力のある証拠とともに発表できれば、現在の政権の下で、左右を団結させる大きなネタになります。

石　うまくいけば、そのことにより、アメリカだけでなく世界の中国に対する団結が固まりますね。

掛谷　そういうことが起こる可能性がある。トランプさんに新型コロナの起源の話をさせたくなかったのは、トランプ政権でその事実が判明すると、共和党のトランプ政権の下でアメリカがまとまることになるので、それは民主党としては絶対にやりたくなかったのだと思います。

石　民主党の党利党略が働いていたのですね。

掛谷　ですから、バイデン政権になり、いわゆるエスタブリッシュメント側が嫌っているトランプがいない状態で、その団結ができれば、自分たちが団結の主導権を握ることができるわけですよ。そうすると、次の選挙でも勝ちやすくなります。ひょっとしたら、民主党のエスタブリッシュメント系の人たちは、それを狙っている可能性があると私は踏んでいます。

石　トランプが消えていれば、中国が民主党の敵となるのですね。

掛谷　ですから、私はとにかく新型コロナの起源を追究し、真相を明らかにしたいので、今後のさらなる調査にはものすごく期待しています。

石　同感です。

掛谷　今後の米中対立の見通しで、最も怖いのが、先ほどもお話をしましたように〝アメリカの分断〟です。要するに中国からしてみれば、米軍さえ動かなければ、もうずっとやりたい放題なんですよ。

石　そうですね。中国の横暴と拡張を抑えつける最大の力は米軍ですから。

掛谷　米軍を動けなくする方法の一つが、アメリカの国内が混乱して、軍隊が動けないほどの状態にすることです。ですから、それこそ、どこかの州が独立するというレベルまで国内の対立が強まるとか、あるいは、ウイルスが蔓延して空母などが動けなくなるとか。今回、イギリスの空母でも集団感染がありましたが、そういったことを今度は意図的に起こし、米軍を麻痺させて、台湾を獲るということなども、考えられるんじゃないかと思います。

ですから、そういう意味においても、ウイルスの起源を追究する必要がある。私は今回は意図的ではなく事故で漏れた可能性が高いと思っていますが、このままウイルスの起源が曖昧《あいまい》なまま責任追及されなかったら、中国は次は意図的に、戦略的に撒《ま》きますよ。

石　そのとおりです。ウイルスを放って自由世界を潰しても何の追及もされないのであれば、味をしめた中国は、今度こそ本格的な「ウイルス戦」を仕掛けてきます。

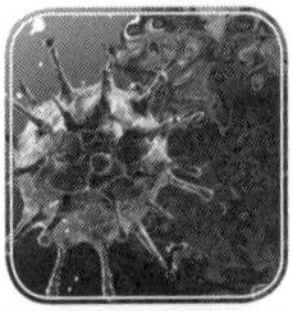

増長する中国を食い止めるには
コロナの起源特定が必須

掛谷　今回、ウイルスの起源が明確にならず、中国が追及されなければ、戦略的に撒いても大丈夫ということになってしまいますから。だからそういう意味でも、絶対に起源は解明しないといけない。それをしないで放置するということは、中国に非常に大きな軍事カードを自由に使わせることになるのですから。

石　確かに、おっしゃるとおりです。

掛谷　もう一つは、先ほどウイルス外交のお話がありましたが、今回、メッセンジャーRNAワクチンの技術が、アメリカにあって中国になかったのは、ものすごく大きかったんですよ。このために中国は、ワクチン外交をやっても結局、効果がなかった。中国の不活化ワクチンは信用を失っただけでした。もしも中国に、アメリカと同じレベルか、それ以上のワクチン技術があったとしたら、世界は完全に中国のワクチン外交でやられていましたね。

ですから、そういう意味で、先端技術を中国に渡してはいけないことが、今回、ものすごくはっきりとしたと思うんですよね。このことを、ぜひ世界の学界は認識するべきです。それが中国から自由主義国を守るうえで、非常に重要だとわかったと思うんですね。

とにかく、現在大切なのは、中国にウイルス兵器をつくらせないようにすることと、アメリカが分断して、軍が麻痺する状態を絶対につくらないことです。

アメリカでは、メッセンジャーRNAワクチンはDARPA（国防高等研究計画局）の支援で、軍事技術としてやっているんですね。ですから、日本も中国に対抗するために、そういうワクチンの技術だとか、生物兵器に対していかに国民を守るかという研究をするだとか、あるいは日本自身でもっと軍事力を強化して、アメリカが一時的に混乱しても、ある程度自国を守るだけの力を蓄えないといけない。われわれはそういう努力をすることが大切だと思います。アメリカの分断を防ぐために、まああと仲介するとか、そういった努力も重要かもしれませんね。

石　私もまったく同感です。それで、掛谷さんのお話を受けまして、もう一つ、中国側から見た米中関係の今後の行方に関して、示唆的な情報があります。

それもまた同じ7月26日の王毅外相とシャーマン米国務副長官の会談についてです。このとき、王毅がアメリカに迫ったんですよ。「これから対立するか？　それとも関係改善か？　それはアメリカ次第よ」と。そこで、アメリカ次第という前提で、アメリカに対して3つの要求を出したんです。アメリカに飲んでもらわないと困ると中国が考える、この基本要求は、『人民日報』に完全掲載されています。

この基本要求を3番目から見ていきます。3番目は、「中国の主権と領土保全を侵害しない」。ということは、この3番目は要するに台湾問題を含むんです。彼らの言う「領土保全」とは、すなわち台湾問題のことです。

それまでの中国政府の立場からすれば、この3番目の要求こそが中国の「核心的利益」であって、本来、彼らのアメリカに対する1番目の要求となるはずです。しかし王毅は、それを3番目の要求にしました。

掛谷　2番目は何でしょう？

石　2番目は、「中国の発展を妨害しない」ことです。例えばアメリカは、中国の通信機メーカーのファーウェイを封じ込めたり、中国に技術を提供しないようにしたり、制裁関税を加えたりしましたが、中国からすればこれはすべて中国の発展を妨害する政策です。こういったことをやめてほしい、ということ。これが2番目です。

掛谷　問題は1番目の要求ですね。

石　そうです。実は1番目の要求は、「中国の社会主義制度を転覆《てんぷく》しない」ということです。これが1番目に来ている意味はおわかりですか？　結局、習近平政権は「主権と領土保全」云々よりも、自分たちの独裁体制を守ることが何よりも大事であって、だからアメリカに対する1番目の要求として、彼ら共産党の独裁を容認してもらうこと、独裁を破壊しないということを求めたわけです。アメリカに対しての最大の要求が、自分たちの体制保証なんですよ。ある意味では北朝鮮と同じです。

逆に言えば、中国共産党は本気で、アメリカが彼らの体制を転覆させることを恐れているということです。本当にアメリカがそんな計画を立てているのかどうかは私にはわかりません。しかし、中国は本気で恐れているんです。怖がっているし、怯《おび》えているのです。そういった意味でアメリカは、実は中国の命綱を握っているんです。

掛谷　なるほど。

石　さらに、お話をしたいことがあります。この章の最初で、王毅がシャーマンにこの3つの要求を出す前に、まず中国の謝鋒外務次官がシャーマンと会談し、具体的に「やめてほしいことのリスト」まで出していたお話をしました。リストの全体は発表されていませんが、謝外務次官が記者会見で記者の質問に答えて、部分的に、アメリカにしてほしい、あるいはやめてほしいことを話してしまったのです。

それの冒頭の第1条が、最初にお話をしたように「共産党員とその家族のアメリカの入国ビザを制限しない」ということでした。それは、どういうことかはわかるでしょう？（力を込めて）何を主張したいのかというと、この一言には、ある意味では深い真実が潜んでいるんです。その一つが、米中対立が深まっているなかでも、中国の共産党員とその親族たちはみな、「敵国」のアメリカに行きたがっているということです。中国の共産党幹部は結局、財産もすべてアメリカにありますので、アメリカに入国できなくなったら困るのです。

逆に言えば、アメリカが中国共産党員の入国を止めることが、共産党の幹部にとっては、国が崩壊するよりも怖いんですわな。

「共産党政権がどうなるのか。そんなこと、どうでもいいよ。自分たちがアメリカに行けなくなるのが、一番困る」ということです。

だからもしもそんな事態が起これば、共産党幹部たちの不満がすべて、習近平主席へ向かうことになります。

「習近平、お前がアメリカとの関係を壊したからこそ、われわれがアメリカへ行けなくなった。責任を取れよ」という話になる。そうなると、習近平政権が持たなくなる。

掛谷　なるほど。

石　ということは、習近平政権の命運を握っているのは結局、アメリカなんですよ。しかも中国も、それをわかっている。

しかし私が理解不能なのは、本来ならばそういった建前でない要求は、秘密裏に出すはずです。そうでないと、国民が「なんや、結局、君たち共産党が考えているのは、この程度のことか。要するに親族、自分たちがアメリカにさえ行ければ、もう反米はしなくていいのか」ということになる。それなのに公で言ってしまったのは、私は何か、つい共産党が本音の本音を出してしまったんじゃないか、とも思います。

もちろん習近平はトップですから、台湾併合や「民族の復興」の野望に燃えているのも事実です。しかし、大半の中国共産党幹部の考えることは、この程度だということですよ。

そういう意味ではアメリカが中国を制するためには、まだいろいろな手があるんです。そこはまた、アメリカの強みでもあるんですよ。

ですから今後の米中の対立に関しては、先ほど掛谷さんがおっしゃった文脈からすれば、国内さえ大混乱に陥《おちい》ることがなければ、あるいは完全に国が分裂することがなければ、アメリカはまだ中国に負けることはないだろうと思います。

第三章
台湾への侵攻、尖閣の支配を狙う中国

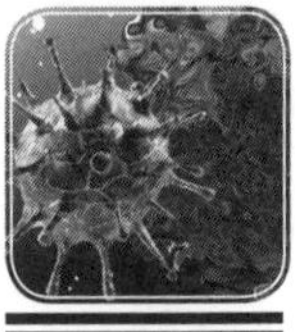

今後の世界情勢を左右する要は台湾問題にあり

石　中国共産党結党１０１年目の中国を考えるうえで、台湾問題も非常に重要です。台湾は戦前、日本の植民地でしたが、戦後は誰のものかわからなくなってしまった。そんなとき、中華民国が台湾を接収して、自国の一部にしました。その後、中華民国政府が中国共産党との内戦に敗れ、台湾に逃げてきて、現在、台湾に存在します。

　それ以来、台湾はずっと形式的にも本質的にも、独立国家としての道を歩んできて、しかも結果的に民主主義国に変身できたんですよ。そのうえ、安定した経済、政治制度もつくりあげて、現在ある意味では国際社会で重要な位置にあります。特に自由世界のね。しかし残念ながら、中国共産党は「台湾は中国の一部である」という一つの中国政策、原則を堅持《けんじ》してきました。

　その結果、アメリカ、日本、そのほかの世界各国が中国との関係づくりのために、ある意味、ずっと台湾を犠牲にしてきました。切り捨ててきたんです。

掛谷　おっしゃるとおりです。

石　結局、台湾は国際的な孤児となり、中国の「内政問題」となってしまった。しかし現在は、大きな変化が起こり、台湾問題はもはや中国の内政問題ではなく、すでに国際問題となっています。

例えば、2021年4月の日米首脳会談では、共同声明のなかで半世紀ぶりに台湾海峡の安定と平和を謳《うた》いました。あるいは、6月にG7サミットでは初めて台湾海峡に言及しました。その一方、アメリカはトランプ政権時代にタブーを破り、高官を台湾に派遣しました。最初は厚生長官、続いて国務副長官が行きました。

バイデン政権になってからも台湾との非公式の関係を続けています。7月には、アメリカ軍用機が数回にわたって台湾の空港に降り立ちました。何かを持って行くとか運んで行くとか、そういった小さな行動を積み重ねる、〝サラミ戦術〟を行っています。

昔、中国はそういう戦術が得意でしたが、今や自由世界も上手にやっています。日本も対台湾関係に関しては、けっこう踏み込んでいます。

掛谷　7月29日には、日本、米国、台湾の有力議員が日米台戦略対話をオンラインで開催しました。

石　さらに8月にはバイデン政権が台湾に、日本円でおよそ820億円に上る武器を売却することを決めました。

日米同盟も、現在は非常に大きな変化を成し遂げています。例えば、2021年3月に、東京でいわゆる日米2プラス2が開催されました。両国の外務・防衛閣僚が集まって安全保障について話し合う会議です。日本側からは、茂木外務大臣及び岸防衛大臣（いずれも当時）が、米側からは、ブリンケン国務長官及びオースティン国防長官がそれぞれ出席し、その後の共同声明においては、初めて中国を名指しで批判し、日米同盟の課題として提出しました。

私は、これは非常に大きなことであったと考えています。昔、日米同盟は旧ソ連から日本を守るための同盟でしたが、現在ソ連はもうとっくに消えています。しかし日米同盟は見事に、対中国の軍事同盟に変身しつつあります。しかも日米首脳会談が台湾海峡に言及したことで、台湾もまた、日米同盟の守備範囲に入りつつあります。また麻生副総理も、自民党のパーティーという公の場で、「もしも台湾有事となれば、日米が共同して台湾防衛に協力しなければならない」と発言しました。

掛谷　立て続けにいろいろなことが起こりましたね。

石　２０２１年になり、Ｇ７も日米同盟も、台湾を問題の焦点に当てたということに対する私の一つの解釈は、要するに、台湾有事の危機が高まっているということです。

台湾有事の危機が高まっているからこそ、中国を思い止まらせるために日米が明確なメッセージを送り出し、Ｇ７もメッセージを送った。要するに習近平政権が台湾を虎視《こし》眈々《たんたん》と狙っているからです。しかしその一方、自由世界がそれを座視しない、台湾を守るという意思を明確に表明している。

こういった状況ですから、現在、この地球上で最も戦争が起こりやすい場所はどこかといえば、それは台湾海峡となる。現実に、それが起こる可能性がある。しかし、非常に大きな話になりますが、台湾有事は、場合によっては中国共産党の崩壊にも繋《つな》がります。あるいは、中国共産党が台湾の併合に成功すれば、アジア・インド太平洋の勢力地図はもう完全に変わってしまって、日米の安全保障は台無しになります。

掛谷　ちょっと質問させていただきたいんですけれども、要するに、ここまで習近平が台湾を獲《と》りたいと思う理由は、今度２０２２年で国家主席になってから10年が過ぎて、その後も主席を続けられるかどうかというときに、やはり、大きな成果があるということが重要になってきます。台湾を獲れば、それで終身皇帝になれるということもあって、どうしても台湾を獲りたいと焦っているように見えるのですが、その理解は合っていますか？それとも間違っていますか？

石　部分的には合っているだろうと思います。ただし、習近平は2022年の党大会で、台湾の問題は関係なしに続投がほぼ決まっています。要するに台湾を獲ったから続投できるというわけではなく、続投はもう既定路線なのです。

掛谷　なるほど。

石　ただし、彼が台湾併合を焦っているのには別の理由があります。習近平は現在、すでに中国国内では毛沢東と肩を並べるような扱いにされています。例えば2021年7月1日の共産党の式典、あるいは、それ以前の同様の大型イベントで、彼はもう毛沢東とほぼ同格に採り上げられています。例えば中国共産党100周年に合わせて、「共産党100年史」が国内で刊行されたんですよ。100年の歴史を書いた本なのに、習近平の9年間が、四分の一以上のページを占めている。どう考えても不釣り合いですわな（笑）。

ここまで来たら、彼はもはや最高指導者の地位を手放すことはない。毛沢東と同じように、死ぬまで権力の座にしがみつくのです。そのために前回の党大会では、習近平思想を、党の規約の前文に、無理やり入れたんですよ。その結果、現在、中国共産党の規約のなかに、個人の名前を冠《かん》する思想として、毛沢東思想以外に、習近平思想がある。

掛谷　そうですね。

石　しかし、実はまさにここが彼の一番のアキレス腱なんです。彼は形式的には、すでに毛沢東と肩を並べています。けれども毛沢東と比べると、カリスマ性においても完全に及びません。いろいろな意味において、毛沢東は悪党ですよ。悪党ですけれども、カリスマ性のある悪党であって、しかも筆も達者だし、詩も一流で、漢詩もつくれる。中国的な理想からすれば、まさに「偉大なる指導者」の典型、全知全能の指導者なんです。

それなのに習近平には、そんな才能は何一つないんですわな（笑）。字を書けば、まあ、うちの子供よりも下手くそに見えるんですけれども……。

掛谷　（爆笑）。

石　さらに肝心な点は、彼には、これといった歴史上の業績は何もないんです。毛沢東は何も説明をしなくても、みんなが、「彼が現在の中国をつくった。弱小勢力の共産党を率いて、天下を獲った」ということを知っている。中国の伝統的概念、歴史観によれば、天下を獲った人ほど、すごい人はいない。だから毛沢東は、それだけで終身指導者になる資格は十分にあるんです。

しかし習近平は、毛沢東の業績と比べられるものは何も持っていないんです。習近平思想という言葉を、党の規約の前文に無理やり入れたりして自分を箔付《はくづ》けしても、誰も彼が毛沢東と並んでいるとは思わない。現在の中国自体は毛沢東がつくってしまい、それ以上の業績はないのですから、もう彼には毛沢東に匹敵できるほどの実績を挙げることはできないんです。

掛谷　はい。

石　だから、ここに出てくるのが台湾なんです。台湾こそ、毛沢東も27年間、「解放するぞ、解放するぞ」と叫びながら何もできなかった問題なんです。鄧小平もできなかった。

もしも習近平が、台湾併合に成功すれば――例えば台湾を全部占領しなくてもいいんですよ。軍事的恫喝を加えることによって、台湾が形式的に中国の主権を認め、自らが中国の一部であることを認めるようなこととなれば、あるいは台湾が国であることをやめて中国の地方政府に格下げされることとなれば――それだけのことで習近平は、毛沢東をはるかに超えた歴史的業績を手に入れて、中国の近代史上最大の英雄になるんですわな。しかも、台湾併合を打ち出すと、中国ではどんな反対勢力も反対できないんです。中国はそういった雰囲気の国なんです。

掛谷　それはわかります。

石　台湾統一と言ったら、中国の99・9999999、ほぼ100パーセントの人々がもろ手を挙げて賛成します。ということは、台湾を手に入れれば、同時に反対勢力も完全に封じ込めることができるのです。

だから台湾併合は、成功した場合には習近平にものすごいメリットがある。そこは習近平にとって非常に大きな魅力です。ですから、彼は常に、台湾を獲ろうとする衝動に駆《か》り立てられている。ただし失敗したら、はっきり言って、もう終わりですわな。

掛谷　はい。

石　台湾問題の、非常に大きな危険性の一つがここにあるんです。例えば胡錦濤さんならば、10年間国家主席を務めて引退するつもりの人間でしたから、「大きなリスクもあるから、別に台湾問題で冒険する必要はない」と考える。「そういう面倒なことはやりたくないよ」と。ところが習近平は終身指導者になりたい人間ですから、台湾併合をやりたくて仕方がないんですわな。

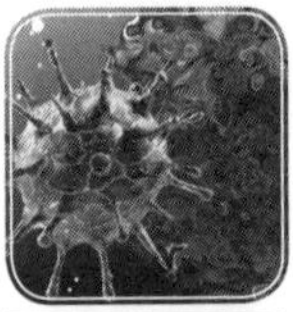

台湾侵攻を阻止することが日本国の領土を守ることに

――（編集部。以下、同）日高義樹著『習近平が尖閣を占領する日』（かや書房）を読むと、こんな記述があります。

「アメリカ海軍の消息筋によると、習近平は北京での秘密会議の席上、『台湾を攻撃する前に尖閣列島を占拠し、軍事基地にする』と述べた」

「尖閣列島を占領すれば、台湾を東側から攻撃できることになり、軍事的にきわめて有利な立場になる」

この情報に関しては、どうお考えですか？

石　私は、この話は信じていません。私は軍事の専門家ではありませんが、尖閣ほどの小さな島を占領したとしても、台湾を攻撃するための軍事基地にはならないと思います。

むしろ逆に、中国は台湾を獲る前には、尖閣に手を出さない可能性がある。というのは、尖閣はいちおう、日米安保条約によって守られているんですよ。ところが台湾は、理論的にいえば、中国が攻撃したとしても、アメリカ軍が動く必然性がないんです。台湾とアメリカの間には、軍事同盟もなければ安全保障条約もないですから。台湾を中国が攻撃した場合、アメリカがどう動くかは、あくまでそのときに、アメリカが判断する問題なんです。

しかしながら、尖閣に関しては、日本との間に安全保障条約があって、しかもアメリカが何回も明確にしたのは、「尖閣は安保条約の適用範囲にある」ということです。ですから、習近平政権からすれば、尖閣に手を出すことでアメリカと軍事衝突を起こすというリスクを負うよりも、先に台湾をやったほうがいいんじゃないかと思うんです。尖閣を攻めてアメリカ軍が出てきて、中国と交戦状態になれば、もう台湾を獲るどころではなくなってしまいますから。

――しかしながら、中国の公船は接続水域に、今年もすでに100数日以上、ほぼ連続で侵入しているのですが、これは日本に対する脅しなのですか？

石　当然、彼らは、いずれ尖閣も獲るつもりでいるんですよ。ただし、そのことと、台湾が先か尖閣が先かは別の話なんです。しかし、尖閣にそういう圧力を常にかけることで、日本にメッセージを送っているんです。要するに、「台湾に関わるな」「台湾に関わったら、お前らの尖閣も獲ってしまうぞ」という。

ただし確実に言えることは、もしも日米同盟が台湾侵攻まで許してしまい、台湾が中国に併合されたら、もう尖閣は守れません。中国からすれば、それこそ、台湾を獲れば尖閣はもう付け足しで、遊びのような気分で獲ることができる。

——ますます日本にとって、台湾有事は他人事ではありませんね？

石 台湾を守ることと、尖閣を守ることが緊密な関係にあることは、私は事実だと思います。ですから日本は今後、台湾を中国が獲ろうとしたときにどう動くのか？ さらに万が一、尖閣が侵略された場合、日本は中国と一戦を交える覚悟があるのか？ 軍事行動ができるのか？ 中国に対しての軍事行動には、日本は（力を込めて）大変な覚悟を問われるんですよ。というのは、中国と戦争状態になることは、日本にとって簡単な話でないからです。向こうは核兵器を持つ大国です。例えば麻生副総理が「台湾防衛には日本も協力する」と発言すれば、早速、映像を流して、「核兵器で日本を殲滅《せんめつ》する」と脅すような国なのですから。

掛谷 私は大統領選挙の前の段階で、ある信頼できる評論家の方に「バイデン政権になったときに、台湾は大丈夫ですかね」と尋ねました。その方は「もうトランプ政権の間に、かなりの程度、台湾を防衛するシフトをつくってあり、政権が代わったとしてもそう簡単には方針を変えられず、シフトも変わらない。ですから、アメリカが台湾を守るのを放棄するということは、バイデン政権になってもないだろう」という見解でいらっしゃいました。実際にバイデン政権になって、現在のところは、その方の見解の方向で来ているのかな、という認識です。

さらに今後、冷戦的な分断が起きた場合、重要になってくるのは、台湾には半導体の大手メーカーのＴＳＭＣがあることです。

石　そうです。

掛谷　台湾は軍事的に必要な製品を生産している国ですので――まあ私は〝国〟と言いますが――そう簡単にアメリカは放棄できないはずです。そういう意味から考えても、やはりアメリカとしては台湾を守らないなんてことは、現状では考えにくいと思います。

石　おっしゃるとおりです。

掛谷　その一方で、私は中国のタブロイド『環球時報』の英語版『グローバルタイムズ』をツイッターでフォローしていますが、『グローバルタイムズ』は、「もしも日本がアメリカと協力して台湾と尖閣を守るとするならば、日本は中国の攻撃対象になる」と、はっきり言っています。しかし逆に言えば、ここまで脅しをかけるということは、要するに日本とかアメリカが絶対に動かないという状態をつくらないと、中国としても手を出しにくいということを、これは表しているのかなとも思います。

石　そうです。日米同盟が断固とした意思で台湾防衛に関わることとなれば、習近平は大変困るのです。

掛谷　ただ、いずれにしても、中国は本音としては、安全に、絶対に失敗しないように台湾が獲れるなら、確実に獲ることは間違いありません。そういう状況をつくらないように、日本はアメリカと協力して防衛力を強化することが必要なのは、確かです。

石　私もまったく同感です。現状、台湾海峡、台湾の平和が維持されることが日本にとっては非常に重要です。逆に、台湾が中国に併合されれば、日本はもう地政学的に、中国の属国になるのと同然になってしまいます。シーレーンを封鎖されて、安全保障が台無しになりますから。

台湾問題は当然、日本にとって他人事では決してなく、日本の存続にも関わる問題です。先ほど掛谷さんがおっしゃったように、ＴＳＭＣなどもありますから、アメリカにとっても台湾は簡単に放棄できません。

「協力して台湾を守る」というメッセージを日米同盟がより明確に送り続けることが、まさに、習近平たちを思い止まらせる非常に大きな抑止力そのものになるんです。

はっきり言えば、現在のところ、習近平政権は、まだ台湾を攻撃する決心がつかない、つけることができていないんです。

例えば、7月26日に中国の王毅外相がアメリカのシャーマン国務長官と会談したなかでどういう話をしたかというと、台湾問題に関しては、「台湾はいまだに中国と統一はされていないが、台湾が中国の一部である事実は変わらない」という言い方なんです。

要するに、「統一してもしなくても、とにかく台湾はわれわれの領土だ」と。これはある意味では、中国が今すぐにでも台湾侵攻を起こさないことの一種の正当化にもなります。会談で王毅外相は、「もしも台湾が独立を企《たくら》むならば、あらゆる手段をとる」と言っています。しかし、これは逆に考えると、台湾が独立さえ宣言しなければ、どんなことをしても統一するわけではないということです。

ここはけっこう微妙ですが、重要なところなんです。私からすれば、麻生さんのあの発言は、効いたと思いますよ。

ですから、私も掛谷さんと同じ考えで、アメリカと日本は台湾海峡を含め、この周辺を守るという決意をもっと明確に示す必要があると思います。幸い、イギリス海軍もやってくるので、イギリス海軍とも連携すれば、中国に対してかなり大きな抑止力になることは確実であろうと思います。

第四章
日本は国も民間も中国といかに対峙すべきか

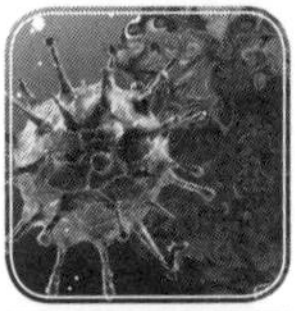

中国に対して及び腰なのは日本の民主化が不十分だから

石　本テーマに関してお話をする前に、まずこれまでの安倍政権、菅政権の中国に対しての外交姿勢をざっと振り返ってみます。安倍政権にしても菅政権にしても、対中国の姿勢においては、評価すべき点がいろいろとあります。例えば、第二次安倍政権のときに安倍首相が提唱した外交構想〝自由で開かれたインド太平洋〟は、現在の〝クワッド〟の構想です。インド、オーストラリアがさらに連携してアメリカとの同盟関係を強化して中国に対処する。この構想が実現されたのは菅政権になってからの２０２０年10月です。日米豪印４カ国外相が東京で初会合を開き、〝クワッド〟と呼ばれる対中連携を形成しました。

　こうして安倍政権とその後を継いだ菅政権は、中国に対して「地球儀を俯瞰《ふかん》する外交」を行い、日米同盟だけではなく、多くの西側の先進国、アジア諸国との連携を強めました。

掛谷　そうでした。

石　もう一つ、安倍政権を大きく評価するのは、「政権全体では中国の一帯一路に距離を置き、中国の誘いにはまったく乗らなかった」という点です。

ただ問題なのは、習近平国家主席の日本への国賓訪問という話が出てきたこと。間違いなく自民党内の一部勢力がそれを積極的に推し進めて、安倍首相も結局、訪問を実現させる方向へ持っていきました。そこが、安倍政権が対中国問題で犯した最大の過《あやま》ちでした。結果的にはコロナがあり、習近平の訪問は宙に浮いたわけですが、考えてみれば、もしコロナがなかったら、２０２０年の春に習近平は確実に来日していたんですよ。もしあの時に習近平が国賓として日本にやってきていれば、当然、天皇陛下は彼に会っていました。国賓ですからね。天皇陛下のご意思はまったく関係なく、天皇陛下は彼と握手もされていたはずです。

掛谷　おっしゃるとおりです。

石　しかしね、現在から見れば、習近平はどういう存在なのかというと、国際社会から「ジェノサイドの首謀者」、つまりジェノサイドを行った政権の指導者とされています。習近平は、のちの歴史的な評価としても、そういう人物として記録される。しかしながら、習近平が天皇陛下と握手をしたという場面は、もしもそんなことがあったらとしたら永久に残ります。要するに天皇と皇室の名誉を損ない、日本の国益を大きく損なった汚点として残ります。

掛谷　おっしゃるとおりです。

石　安倍首相も、恐らくは党内のいろいろな人たちに背中を押されて習近平の国賓訪問決定という判断をされたのだと思います。しかし、ここに問題があるんです。結局、日本の保守政権でも、やはり対中国問題で迷ってしまうんです。それはどうしてなのか？　要するに頑《がん》とした哲学、方針、そういったものがないからなんです。ですから、安倍政権でさえ、この問題で大きく揺れて、危うく歴史的な過ちを犯すところだったんです。

掛谷　はい。

石　菅政権にも評価すべき点はたくさんあります。例えば、菅首相が首相に就任して各国首脳に電話をかける順番も、まず同盟国のアメリカ大統領に電話し、G７の西側先進国の首脳に順番に電話して、インドの首相とも電話会談を行い、ほぼ最後に習近平に電話をかけた（笑）。しかも、菅首相の口から、「ぜひ日本に来てください」という言葉は出なかった。実質上、菅政権が、習近平の国賓来日の一件を棚上げにした状態です。

その一方、前述しましたように、菅首相は就任した直後、10月6日に、東京で、日本やアメリカ、オーストラリア、インドの外相による会合を開き、クワッドの枠組みづくりに着手したんです。

日米同盟に関しては、バイデン大統領との会談において、日米共同声明で台湾問題に対して明確に、台湾海峡の平和を堅持することを確認しました。

もちろん、一説によると、菅首相が主導的にそう進めたというよりは、バイデン大統領が強く推し進め、それに対して菅首相が背中を押されて台湾問題も入れたという話もあります。

しかし曲がりなりにも、G7でも菅総理は、バイデン大統領と手を組んで、ほかの国の首脳たちを動かし、台湾問題、中国の人権問題に対して批判する共同声明を出しました。

これらのことを総合的に考えてみると、例えば安倍政権の習近平国賓来日計画などの大きな失点もあったとは思うのですが、全体的に、安倍政権、菅政権と、徐々に「中国に対する包囲網を構築をしていく」――そういう方向に向いてきたのは事実です。

しかしながら、その一方、やはり自民党の、特に自民党の重要なポストを握る古いタイプの政治家たちが、恐らくは中国からの利権など、いろいろとあって、常に足を引っ張るんです。中国に対して配慮し、習近平に忖度する。

オランダ議会、イギリス議会、カナダ議会が、中国を批判し、ジェノサイド認定をする決議を出した。ところが日本は国会で、非難決議の一つも出せない。あるいは、EU、アメリカで、人権問題で中国に制裁を加えている。しかし、日本だけがなんの制裁もできていない。結局、日本が自ら自由世界の対中団結から離脱している面があり、日本の政権はどうなっているのか――そこは私が非常に憂慮しているところです。

――公明党は、なぜあそこまで中国におもねるのですか？

石 公明党の支持母体は創価学会でしょ。名誉会長の池田大作さんはもう、ずっと前から中国共産党の友人の中の友人です。本人も認めています。何度も中国に行き、あちこちの大学で名誉教授の称号をもらっている。要するに、中国からすれば、池田大作さんさえ押さえたら、公明党はもう自分たちの部隊みたいなものなのです。それこそ、統一戦線外交を行っているのです。

私の友人の楊海英先生（静岡大学教授）も、そういう話をされていました。彼は北京第二外国語学院大学アジア・アフリカ語学部日本語学科卒業。外国語学院大学は、外交関係を学びます。彼が大学で教わったのは、日本ではまず、公明党を取り込む。そして公明党を取り込んだらもう大丈夫、という話なんですね。残念ながら、現在の公明党はまだ政権党であり、しかも自民党議員の多くは、選挙になるとみんな、創価学会の票が欲しい。結局、自民党の先生方の票欲しさが公明党を増長させる。公明党は池田大作さんのご意向を受けていますから、公明党は常に中国をかばう。ですから公明党は、中国に配慮する中心的な存在になっているんじゃないかと私は思うんですけれどね。

掛谷　公明党と二階幹事長（当時）の件ですが、実は2020年7月23日に、CSIS（戦略国際研究所）というアメリカの保守系シンクタンクが出したレポートがあるんです。日本における中国のいわゆる工作の浸透みたいな話がかなり詳しく書かれています。公明党とは、1971年6月に、竹入義勝委員長（当時）が訪中し、周恩来首相（当時）と会談してからの関係です。このレポートには二階幹事長への工作のことも書いてあり、アメリカも、「中国がいかに日本の政界に浸透しているか？」ということをウォッチしていることが詳細に書かれていました。

ただ、そのレポートの結論は何かというと、中国は日本への工作に失敗しているということなんです。これはなぜかというと、中国の影響力がそれだけ公明党に入ったり、自民党の執行部に入っても、結局、2019年のピュー・リサーチの世論調査では日本人の中国に対する否定的な見方は調査対象となった34カ国の中で最も高く、85パーセントにも達したとあります。また別のデータでは、日本の過去の世論調査で、「中国に対する印象がどう変わったか？」というのをグラフ化しているんですけれども、どんどん悪化しているんです。やはり、2010年の尖閣沖の漁船衝突の話とか、ああいうときにガーッと悪化するんです。

つまり、CSISは「民主主義国家が相手の場合は、相手の世論に対してイメージを上げないと最終的には厳しいのに、日本国民の中国に対する感情が非常に悪化しているので、工作は失敗し、中国は日本に十分に浸透できていない」という評価をしているんです。

石 なるほど、親中派は日本の政治に影響力を行使できたとしても、日本国民の心を掴《つか》むことに失敗しているんですね。

掛谷 私は、これが非常に面白いなと思いました。その一方で、民主主義の国においては、政治家は当然、世論を気にするはずなのに、なぜ公明党、自民党の執行部はここまで中国寄りになれるかというと、それこそ第一章で述べたとおり、予備選がないからなんです。例えば、安倍・菅政権であれば、二階幹事長が誰を選挙区に立てるのかを決められましたから、親中派の議員がいろいろな地域で自民党から立ちます。しかし、予備選を行うようになれば、親中派の議員は予備選で負けてしまって、なかなか自民党の候補者になれないと思うんですよ。自民党の支持者には中国が嫌いな人が多いですから。

ところが現在は、自民党の執行部が、誰が自民党の候補者になるかの権限を握っています。中国は、「じゃあ、そこを押さえればいい」ということになってしまう。結局、日本は民主主義でありながら、アメリカに比べると十分に民主化されていないところがある。そこのところをうまく中国に利用されている。

世論調査で見ると、ものすごく反中で、世界で一番中国が嫌いな国なのに、政界では自民党や公明党に親中議員がかなりいる。そのために、ウイグルの非難決議などが出せないという状況が起きてしまう。非難決議に自民党と公明党が乗らなかったのは、まさに候補者を決定する権限を握るトップを中国が工作で押さえてしまっているからなんです。当然、中国の工作は経団連にも及んでいます。

石　このような構造は非常に危険ですね。

掛谷　中国は、日本で政治権力が一部に集中し、十分に民主化されていないところを狙っているわけです。

そういう意味では、日本をもっと民主化するという方法が、中国に対抗する非常にいい手段だと思っているんです。民主化するという方向なら、左の人も反対しづらいじゃないですか。なので、そこを攻めていくのがいいのかなと思うんですね。

石　そうですね。利権とかとは関係のない一般国民の意思が十分に反映できるように民主化が進めば、中国の裏工作が無効になります。

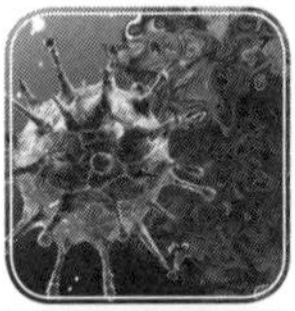

日本の中枢にまで巣食う中国による工作活動

掛谷　先ほど石平先生のほうから、習近平の来日が新型コロナで無期延期になったというお話がありました。もちろんコロナは非常に悲惨な出来事でしたが、唯一良かったことがあるとすれば、そのことです。

　昨年の1月からいろいろなことが起きすぎて、みなさん、当時の頃のことを忘れがちなのですが、実は、コロナって最初は中国だけの問題だったんですね。そのときに、国境封鎖という話もあったんです。ＷＨＯは反対し、アメリカもファウチが反対し、日本も遅れました。結局、アメリカはトランプが中国に対しては早くに国境を封鎖しましたが、ヨーロッパ経由で感染が広がってしまいました。

　日本の場合も、本当はもっと早く国境を封鎖し、台湾と同じオプションをとっていれば、現在のような状況にはならなかった可能性はあります。

国内でも「早く国境封鎖を！」という意見もありましたが、そのときに言われていたのが、「習近平の来日予定があるから、それに配慮してなかなか中国との国境封鎖ができない」という話でした。

石　そうでした。

掛谷　それがどのくらい影響したかはわかりませんが、ひょっとしたら、そのために国境封鎖が十分にできなくて、日本で感染が広がってしまったんじゃないかと。もちろん中国からの感染のあと、ヨーロッパ経由でも感染が広がっていますので、最初に中国から来る人を遮断《しゃだん》すれば、その後の感染がなかったどうかは必ずしもわかりません。しかし、やはり、そういう外交への配慮が、要するに国民の命を守ることよりも優先されてしまったという事実はあるわけです。ここは、日本がものすごく大きく反省する必要があると思うんです。

石　おっしゃるとおりです。

掛谷　２０２1年6月、7月には、医師がすごく威張って、「オリンピックは中止しろ」と言っていましたし、感染が広がると、「ロックダウンの法的整備をするべきだ」など、いろいろなことを言っていたりします。

しかし、そもそも日本における感染症の専門家たちの最大の失敗は、最初、中国から感染者が入ってくる段階で国境封鎖を進言できなかったことです。まず、それに関して大いに反省すべきなんです。そのことに対する反省の弁を語っている医師は見たことがないですよね。ほかの国が全部できなければ仕方がなかったとも言えますが、台湾はできたわけですから。それを日本はできなかったわけです。

感染症の専門家はたくさんいますが、彼らが正しい判断ができなかったということに対する責任追及は、絶対にしないといけません。

石　彼らの責任は重大なものです。

掛谷　感染症の専門家で、有名な人にも親中の人はいます。医学界にも中国の浸透工作が行われています。経済界もそうだし、政界もそうだし、中国はそういった肝心なところを押さえに来ているというところがある。

それに対抗するためには、繰り返しになりますが、みんなにお金を撒きされないほど権力を分散する必要があると思います。現在は、中国がピンポイントでお金を撒けば、例えば日本の医療政策だとか、経済政策だとか、国の全般的な政策を変えられる状況なんです。そういった権力が一カ所に集中している状況をいかになくすか、解消するか、ということが、実は中国の工作を防ぐ意味で非常に重要です。これはより多くの国民に同意してもらえるアプローチだと思います。

――日本のマスコミにも中国の工作は浸透していますよね？

掛谷　マスコミに浸透しているのは、実はアメリカでもそうなんです。アメリカのマスコミにもけっこう親中派は多いんです。ただ違うのはアメリカでは大手メディアの数が非常に多いことですね。だからマスコミだけでも多様な意見が見られる。

アメリカでは、ＣＮＮやＭＳＮＢＣなどニュースメディアが一生懸命に中国寄りの報道をしても、みんなＦＯＸを視《み》ちゃうんです。なので、そういった中国の工作が入ったようなメディアは、どんどん視聴率が落ちています。ＳＮＳもＦＯＸのようなメディアを応援する声が大きい。

石　なるほど、ＳＮＳの登場と活躍によって、特定のメディアを操ろうとする中国の工作が結局は裏目に出るのですね。

掛谷　ただ日本は、残念ながらＦＯＸと同じような保守系のメディアが、これまで影響力があった地上波では一局もありませんでした。アメリカでは、地上波ではなくケーブルテレビが広がったので、ＦＯＸが出てきた。ＣＮＮもそうですが。その前の３大ネットワークとは別にケーブルテレビの文化が生まれた。
日本の場合は、どうしても今まで地上波の影響力が強く、しかも地上波はすべて左寄りでした。地上波だけの時代は、マスコミが全部横並びでウソを言うと、みんなそのウソを信じていました。しかし現在のようにこれだけインターネットの影響力が強くなってきて、インターネットが「地上波はウソだ」という情報を出す時代になると、日本でもマスコミは終わりですね。ですから、今後はマスコミは放っておいてもいいかなと（笑）。
新聞もみんな読んでいませんから終わりで、あと一つ、実はもう終わりかけのものといえば、公明党と共産党があります。この二つの政党の支持層はものすごく高齢化が進んでいますから、あと10年か20年経つと自然に力は弱まると思います。

石　なるほど、十年後に共産党も公明党も衰退して既存のメディアも今までの影響力を失っていたら、日本の言論空間も政治地図も大きく変わるのでしょう。

掛谷　公明党、創価学会がなぜこんなに大きくなったのかという問題について、宗教学者の島田裕巳さんがおっしゃった面白い話があります。私はあの人には是々非々なのですが、この話には納得しました。高度成長期は、みんな田舎から都市に出てきて、孤独で、不安でいっぱいだった。創価学会はそういうところに付け込んで学会員を増やした。さらに、創価学会って、現世利益なんです。つまり、一生懸命に拝めば現在の世の中でお金持ちになれると説く。時代は高度成長期でしたから、みんな豊かになれたのですが、信者の人たちは、創価学会を信じたからお金持ちになれたと思い込んだ。高度成長期には現世利益の宗教が大きくなる。ですから、その後出てきた幸福の科学などは、現世利益路線でいっても経済自体が成長していないので、多くの信者を新たに獲得できない。島田さんのこの話には、私はすごく納得させられました。

石　非常に新鮮で鋭い視点ですね。

掛谷　公明党と共産党は、高度成長期にそうやって獲得した信者が現在は中心になっているので、組織票があり、投票率が低くなると、前回の東京都議選みたいに強いのですが、新しい信者は入っていませんので、あと10年か20年経つと力は落ちていく運命にある。ですから、長い目で見ると、それほど大きな脅威にはならないのかなと。もちろん最近、中国ものすごく力をつけてきていて危ないので、ここ数年のことを考えると気をつけないといけないのですが、長期的に見ると、公明党、共産党はどんどん力が落ちていく勢力だと思います。

石　掛谷さんのお話を伺いますと、未来に明るい展望が持てるようになります。しかし現在、公明党が異常なのは、「日本国民の80パーセント以上が中国嫌いなのに、どうしてここまで公明党は中国をかばうのか?」ということなんです。結局、彼らは閉鎖された社会、創価学会の会員だけでつくりあげた世界の中で生きていて、政治もその中で完結している。あるいは、教祖様の一言で、みんなが同じ方向を向くということになっているのかもしれません。そのために、現実と向き合っていないのですわな。

しかしながら、公明党はそれでいいのかもしれませんが、問題なのは、自民党自身の堕落です。自民党は、選挙制度の改革で小選挙区制になってから、ますます公明党、創価学会の会員票を頼りにしている。いったん頼りにしてしまえば、麻薬と同じで、もうなくては過ごせなくなってしまう。それで徐々におかしな方向に進んでいる。

掛谷　おっしゃるとおりです。

石　もう一つ、有権者の意識にも問題があります。私も日本国民になってから、何回も国政選挙を経験しました。投票には必ず行きますし、そのときに、地元の政治家をちゃんとチェックします。私ならば、「候補者の国家観、国防、あるいは、中国問題に関して、どう考えているのか」をチェックしています。しかし、例えば私の女房の親戚の人たちは、話を聞くと、正直に言って、そんなことを誰もチェックしていない。

掛谷　そうですね（笑）。

石　何かの縁があって、誰かに頼まれて、あるいはほかの何かの、どうでもいいような理由があって、とにかくこの人に入れようかな、みたいな。正直、ウチの女房は今ここにおらんけど、ウチの女房も結局はだいたいこの程度の考えで投票します。本人の前で言うと、俺は怒られて晩ごはん抜きにされるけど（笑）。

掛谷　（笑）。

石　ですから、そういう意味では、われわれ有権者にも国民にも、かなり大きな責任があるんじゃないですか？　例えば80パーセント以上の国民が中国を嫌っているとしても、恐らく80パーセントの中の80パーセント、要するに大半は、選挙に行くときに、自分が選ぶ政治家の対中政策がどうなっているのかを調べているのか、最初から無関心じゃないのか、不問じゃないのか、ということです。

掛谷　はい。

石　しかし、これで果たしていいのか、という問題です。対中国問題こそ、今後の日本の将来を決する、運命を左右する大事な問題なんです。そこに日本国民も、もう少し強い意識を持ってほしい。先ほども掛谷さんがおっしゃったように、われわれ日本人の社会は民主主義ですから、民衆が強い意識を持つと、必ず政治が変わる。もしも有権者一人ひとりが、「この政治家は媚中《びちゅう》派だ、中国に甘い、あるいは中国に媚《こ》びていると感じたら、絶対に大事な自分の一票は入れないよ」という意識になれば、その意識を多くの有権者が持てば、媚中派の政治家が消えていくはずです。

そこまでいかないのは、日本国民は中国が嫌いで、対中国へのマイナスイメージはけっこう普及していますが、危機感がまだ足りない。何となくいけるのではと思っている。そこが、もう一つの問題ではないかと思います。

掛谷　選挙のことで言いますと、石平先生の前で中国の古典を持ち出すのは非常に恐縮なんですが、私、ちょうどバブルの頃に高校生で受験勉強をしていました。日本は大学受験で中国の古典、漢文が出題範囲で出てきます。私はその中で一番好きだったのが、堯《ぎょう》、舜《しゅん》、禹《う》の時代の『鼓腹撃壌《こふくげきじょう》』のお話なんです。堯、舜、禹は、いにしえの皇帝です。そのなかの堯の話で、『鼓腹撃壌』は無為の治に関する逸話です。堯が、自分がいい政治をしているかどうか不安になり、街に出て行く。最初は「こうやって生活ができているのは皇帝様のおかげです」という歌を聞く。しかし、堯は満足しなかった。次にある老人に遭遇する。その老人は、お腹がいっぱいで腹鼓（腹を叩く真似）を打ちながら、「俺は日が昇ったら耕して、日が沈んだら休む、皇帝なんて関係ない」と歌っていた。堯はそれを聞いて、満足しながら帰って行った。そんな逸話です。

つまり一番理想的な政治は、誰がどう治めているかはわからないけれども、人々が幸せに暮らせている状態だという話なんです。当時、テレビでは誰が政治家になっても同じだというを話をみんながしていて、私は「まさに今、堯が理想とした政治が実現している」と思ったんです（笑）。

石　（笑）。そうか、中国人が一番の理想としている「聖王の善政」は日本で実現されたのか。

掛谷　ですから、逆に言いますと、みんなが政治に関心を持たなきゃいけないというときは、世の中が危なくなっているときなんです。

石　まったくその通りです。

掛谷　一つ、みんなの教訓としてあるのは、2009年の衆議院選挙です。ある学生は民主党に入れて、その後、就職活動で大変ひどい目に遭《あ》って、「二度と民主党には入れない」と言っていました。ですから、その後、民主党がずっと勝てないのは、一度みんなひどい目に遭ったからなんですね。

石　そうですね。有権者の政治判断は、時には切実なものですね。

掛谷　ただ中国に関しては、まだみんなひどい目に遭った実感がありません。しかし、もしも新型コロナが中国の研究所から漏れた、それが拡散した、しかも中国でつくられた人工的なものだったということになると……。

石　日本国民の中国に対する怒り、反感はさらに高まるのですね。

掛谷　そのために例えば大学生たちが、本来なら国際学会で発表したり、いろいろなところに旅行したり、自由にできるはずだった2年間を潰されたということがわかると、その怒りはすごいと思いますよ。

石　学生だけじゃなくて、この2年間で、どれほどの飲食店、どれほどの商店が潰れたか。どれほど多くの人たちが涙を飲んだか。

掛谷　それは日本が中国と親しかったことの結果ですよ。

石　防げなかった責任は二つあります。一つは中国の情報隠蔽責任。もう一つは、日本の政治が、要するに習近平の国賓来日に忖度《そんたく》して、中国からのウイルス流入を防ぐことができなかったという責任。だから現在は、日本の国民、一人ひとりが、自分たちの命、自分の生活を守るという立場から、日本の政治を根本的に問い直すべきときなんです。そういう意味では、やはり、このコロナ、この一件は絶対にウヤムヤにしてはいけない。

掛谷　おっしゃるとおりです。

石　決して、中国に難クセをつける、何か過去の問題に突っ込むという意味ではなく、やはり、今回のコロナを、日本人が抱える多くの問題や根本的に日本人の意識を変える非常に重要なきっかけにしなければいけません。それだけの代償を払ったのですから。

掛谷　はい。

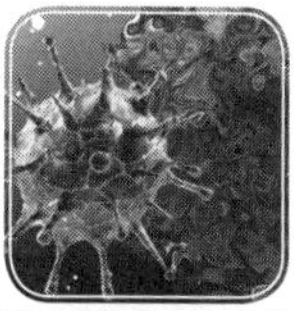

インターネットの普及は国民の意識を改革する希望

石　ところで先ほどの、中国聖王時代の話ですが、確かにあのような時代においては、社会が自律的に機能していて、王様がおらんほうがよかった。日本の江戸時代にも、そういう面があった。将軍が誰であろうと、庶民が自分たちの生活を営んで、みんなが楽しめればそれで良かった。しかし、幕末に黒船が来航したら、そうはいかなくなり、政治に対する人々の関心が高まって明治維新につながったのです。江戸時代の天下泰平の夢を破ったのが幕末の黒船来航なら、今は中国からの脅威がそれに相当します。

掛谷　……まさに、そのとおりだと思います。黒船が来ています。私も全く同じ意見です。若い人たちはけっこう危機感を覚えています。今、一部の高校で「スーパーサイエンスハイスクール」というのをやっているんです。高校生に科学をいろいろと体験させるという試みです。私はある高校で運営指導員をやっていまして、この前、新型コロナの起源の話をしたんです。この話、お医者さんとか大学の先生とかは全く興味を持たないんです。お医者さんや大学の先生は、飲食店の人たちと異なり、いくらコロナの問題が大きくなっても給料は減らないし、食いっぱぐれがないので、自分の問題として考えない。なんとも思っていない。しかし、高校生にこの話をしたら、自分でけっこう調べている生徒がいて、ものすごく興味を持ってくれた。高校生のほうが、お医者さんや大学の先生よりも、よほど立派だなと感じたんです（笑）。上の世代はだらしがないですが、若い人は危機が迫ると、いろいろと考えるのかなと思いました。

石　そうですね。先の幕末の話、黒船来航に一番危機感を覚えたのはやはり10代、20代の若い武士たちでしたね。

掛谷　私がいろいろな論文を読んで得た情報をちょっと紹介してあげたら、むちゃくちゃ喜んでいました。先ほどの黒船の時代、まさにこれから危機だって明治維新で頑張ったのは、若い世代です。今の時代も、危機に関しては若い人のほうが敏感です。やはり、先が長いので自分の問題として考えるのでしょう。

石　そうですね。われわれよりも、これから長く生きていくのは10代、20代ですからね。

掛谷　この危機感を、私と同じ世代の人たちに言ってもそれほど興味を持ってもらえませんが、10代、20代は自分の問題として考えてくれます。もうわれわれの世代じゃなくて、若い人たちに、いかにこういう話を伝えるか、というのが大事かなと思いましたね。

石　私は最近、日本の若者たちとほとんど接点がありませんが、バブルが終わったばかりの頃、神戸大学に留学しました。あの頃は日本の大学生も大人たちも、社会問題にはほとんど関心がありませんでした。私は大学院時代、日本の大学生が政治の議論をしているのを聞いたこともなかったですわ。

掛谷　石平先生が大学院生でいらっしゃった頃って、恐らく私は高校生で、先ほどの『鼓腹撃壌』を読んで感激していた時代でした。ですから、昔の中国ではお腹を叩いていたんですが、当時の日本では、ジュリアナ東京で扇子を持ちながら踊っていました（笑）。まさに20世紀の『鼓腹撃壌』なんだなと当時は思っていました。

石　中国人の世界では、まったく逆でした。私は中国で大学に入ったのは80年代初頭ですが、あの頃の自分たちは、毎日、三度の飯よりも政治の話が好きでした。中国の政治を変えないと非常に深刻な状況に陥るという危機感がありました。ところが日本に来てみたら、みんなは政治の話ではなく、バイトの話、彼女の話、就職の話をしていた。あるいは、美味しいものの話でしたね。当時はそれで良かったのですが、はっきり言えば、これからの時代はそうはいかなくなるのです。

掛谷　そのとおりです。

石　先ほど、既存のメディアはもう終わっていて、これからはインターネットの時代というお話がありました。私はインターネットの世界は一部しか見ていませんが、かなりいろいろな問題に対する関心も高まってきて、さまざまな情報が流れています。これらは将来の日本を変えていくすごく大きな力なんでしょうね。

掛谷　アメリカなどではインターネットのテレビ局みたいなものが、もっとたくさん出てきています。300万人も登録者がいるようなサイトもけっこうあったりします。日本も、現在のようにいわゆる個人がやっているのではなく、もうちょっと組織的にやるようなところが増えてくるといいと思います。石平先生が出演されています『真相深入り！虎ノ門ニュース』がその一つだと思うのですが、保守系のインターネットニュースがもうちょっと出てきてもいいかなと。アメリカと比較すると、もっと出てこられる余地はあるかなと。

石　アメリカでは、現在はどんな感じなんですか？　若者は基本的にマスメディアではなくて、自分たちのいろいろなルートで情報を発信したり、得たりしているのですか？

掛谷　私がよく見ているのは、ベン・シャピーロの番組です。この人は、まだ35歳ぐらいなのですが、『ザ・デイリー・ワイヤー』というインターネット放送局を立ち上げています。何人かのアンカーマンがいて、彼らが平日はほぼ毎日、ニュースについて解説し、彼ら独自の視点で話すような番組を放送しています。何百万人も登録者がいるという状況です。日本はまだ、そこまではいっていません。もちろん英語人口は多いので、日本語でやるのとどうしても視聴者の規模が違うというのはありますが、もうちょっと日本もそれと同じことをやれる余地はあるかなとは思っているんですけれどね。

石　そうですね。私自身も現在、自分のネット番組を立ち上げて中国問題を解説したり、ツイッターもやっています。

掛谷　石平先生のような個人の形もいいですが、もうちょっと組織的にやるような形も、もっと出てきてもいいかなと思うんですよね。

石　そうですね。ＳＮＳを基盤とした連帯が広がって組織化されていけば、政治を動かす大きな力になりますね。次にお話をしたいのは、財界の話です。

掛谷　はい。

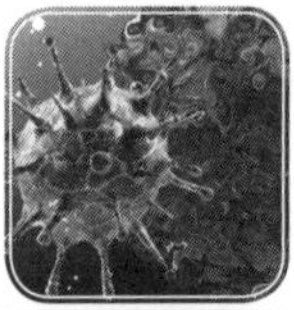

中国依存の経済活動や「脱炭素」は見直すべし

石　日本では財界が大きな力を持っています。そもそも財界が経済を支えています。だから財界は、日本の国民の生活にとっても、日本という国全体にとっても非常に重要です。当然、財界は政界、政治に対しても非常に大きな力を持っています。

その財界が、往々にして、中国寄りの姿勢を批判されることがあるんです。しかし問題は、ここが非常に難しいところなのですが、日本経済は中国に対する依存度がますます高まりつつあるんです。その一方で、常に中国に対して不安もあります。

そんななか、財界が中国に対して肝心なところで毅然とした態度をとれないのは、結局、中国における彼らの経済利益のためです。しかし、だからといって、一方的に財界や、すべての企業を責めることもできない。彼らも中国でビジネスをやり、日本の経済に貢献しています。税金を納めて国家にも貢献しています。そこが非常に難しいところです。

掛谷　はい。

石　しかし、長期的な視点からすれば、日本の経済、日本の財界、日本の企業が、中国に深入りして、中国市場を頼りにしていくと、絶対にロクなことはありません。そういう意味では、財界がみんな早めに中国から引き揚げてほしいと思う一方、そのことを実行すれば日本の経済が大きな痛みも伴う。そこが難しいところです。

掛谷　一番のガンは財務省です。要するに積極財政で、国が企業に仕事を出せば、民間企業も中国頼みにならなくて済むんです。現在はプライマリーバランスを黒字化しようと、とにかく引き締め引き締めでやっていますが、大きな目で日本を良くしようと考えれば、ある程度は積極財政でやらないと駄目だろうと。このあたりの経済の話は、それこそ上念司さんとか、田中秀臣先生、髙橋洋一先生など、リフレ派の方々がおっしゃっているような形でやらないといけない。財務省が引き締めをすると、結局、外需頼みにならざるを得ないので、民間企業としては、中国に頼らざるを得なくなる。

石　そういう意味では財務省の罪が大きいですね。

掛谷　安倍さんが首相のときに素晴らしい政策を一つやったのは、サプライチェーンの問題で、中国の工場を日本か東南アジアに移すということに対して、国が補助金を出すということでした。

石 あれは大変優れた政策でした。

掛谷 ああいう政策を継続的にやればいい。とにかく安全保障上、生産拠点が中国一辺倒というのはよくありません。できるだけ中国への依存度を引き下げていくことが必要です。国内回帰だけですと、コスト的に難しいところがあると思いますので、東南アジアなどにも出してリスクを分散する。本来は、今こそ、こういったことに補助金を出し、国が仕事をつくったりして、民間企業が中国マネーに依存しなくても済むようにするべきなのに、やはりガンは財務省なんです。

財務省がなぜ緊縮なのかはいろいろと一般的に説明がありますが、私の推測では、中国の工作の影響もあるのではないかと。第一章でも話したとおり、元財務官僚の高橋洋一先生は、薬師丸ひろ子似の中国人女性にハマりませんでしたが（笑）、そこにハマっちゃう人もそれなりの割合でいて、中国の言いなりになっているのではないかと。中国にとってみれば、日本が緊縮財政で日本企業が中国に頼らざるを得なくなる状況は、ものすごく美味しいわけですよ。中国は日本に、とにかく緊縮を続けてほしいわけです。

石　そのとおりです。

掛谷　ですから、まさに中国にとって美味しいことを財務省がやっているわけですね。なので、やはり、ここを転換しないと。私からすると、財務省の役人が、ここはもう完全に冗談ですけれども、そんなにすぐハニトラに引っかかるんだったら、われわれからハニトラに引っ掛けて、「積極財政にしないと全部バラすぞ」みたいな逆の脅しをかける（笑）。とにかく今、緊縮財政が、中国依存になる一番のガンだと思いますね。

石　なるほど。さらに、日本の企業は、現時点で中国市場でどれだけ儲かっているかではなくて、もっと長期的な戦略的視点を持つ必要があると思います。アメリカの企業みたいに常に株主のことを気にして、毎年どのくらい分配できるかばかりを考えているような視点ではなく、企業の長期的な発展から物事を考えることは、本来ならば、日本企業の強みの一つです。特に大企業はそうですわね。もしも本気で長期的な、企業の永続性という視点から考えれば、日本企業は中国ビジネスからもうそろそろ撤退したほうがいいと私は思います。そもそも、例えば日本の高度成長期、50年代、60年代、70年代は、別に中国ビジネスがなくても、日本企業はけっこううまくやって大変成長していたのです。

掛谷　私も同じ意見です。

石　日本企業は今後、中国国内でどうなるのか？　これまでは中国がいろいろな思惑で日本企業を大量に誘い込んでいました。日本の資本も欲しいし、技術も欲しいからです。しかし誘い込むのは、あくまでも中国国内の市場のパイがますます大きくなるという前提です。もしも今後、パイが大きくならない、中国市場の成長が止まるということになれば、中国企業とのパイの奪い合いになります。

中国も、日本企業の技術も資金ももう必要がないということになれば、日本企業をいじめる方向に転じます。例えば、中国政府は財政難となると、民間企業から罰金を取ります。「アリババ」からも驚くような金額の罰金を取りました。中国人がよく言うのは、「中国政府にとって企業というのは、豚を飼うのと同じだ」ということです。まずは太らせる。太らせてから食ってしまう。今、中国は国内の民間企業から食い始めています。全部食ってしまったら、次は外国企業です。食うには、アメリカよりも日本の企業のほうが食いやすい。政府がそもそもアメリカほど強力ではありませんので、いじめやすいですからね。

掛谷　おっしゃるとおりです。

石　現在、中国共産党政権は、民間企業と外資企業の中に共産党の組織をつくって浸透させています。今後は日本企業であっても、中国国内にあれば、共産党組織ができるでしょう。共産党組織ができれば、もう経営者の話は誰も聞きません。中国では、共産党のほうが日本企業よりもずっと偉いのですから。そうなれば、みんな、めちゃくちゃに食い物にされて、骨の髄《ずい》までしゃぶられて、最後は追い出されてしまう。あと10年、20年でそうなる。もう見えています。

掛谷　〝新疆綿《しんきょうめん》〟の問題もあります。

石　ファーストリテイリングや無印良品、そういった企業ですね。現在、アメリカが本格的にこの問題に乗り出しているんです。一部の日本企業が標的にされ、言い訳をしています。しかし、新疆綿を使えば、いずれその日本企業は、人権問題に無頓着な企業だと認定され、人権意識や企業の良心が問われて、イメージダウンし、アメリカからは排除され、日本の消費者も離れていくかもしれません。そういう意味では、日本企業は今こそ、本気で、中国との関わり方を考えるべき時が来たんだと思います。

掛谷　あと、ウイグル絡みで言いますと、綿以外に太陽光パネルの問題があります。あれもウイグルで生産されているんです。２０２1年の6月に、杉山大志さんが『「脱炭素」は嘘だらけ』（産経新聞出版）という本を出されました。実は脱炭素で得をするのは中国だけ、という内容です。要するに、中国は脱炭素に関しては、２０３０年までは何もしなくてもいいということになっていますので、ほかの国が電力をつくるのに高コストになっている間、CO2を出し放題で、安い電力を使えます。中国だけ脱炭素を免除されていると、中国がいわゆる世界の工場の地位を維持するのにものすごく有利なんです。日本は太陽光パネルを中国から買わされたうえに、電気代が非常に高くなるんです。最近、太陽光パネルによる山崩れとか、自然破壊がものすごく深刻です。太陽光は自然エネルギーで自然に優しい、というのは真っ赤なウソです。太陽光パネルでつくる自然エネルギーは、われわれの専門用語で言えば、〝エネルギー密度が低い〟のです。

単位面積とか、単位体積あたりで取れる電気やエネルギーがものすごく小さいので、大量の自然破壊をしないと、火力や原子力に代替できる電気量なんて取れません。昔、民主党は、〝脱ダム〟とか言って、ダムに反対していましたね。けれども、太陽光とか風力は、ダムによる水力発電よりもエネルギー密度が4分の1とか5分の1ぐらいなので、水力の自然破壊の4倍、5倍をしないと水力と同じ電気量が取れない。この種のエネルギー密度の計算は高校の理科の知識で全部できるんです。

それを菅直人元首相や民主党が、それこそ中国が得をする形で進めて、自然エネルギーをたくさん取り入れてしまったために、日本は電気代が非常に高くなっています。ですから先ほどお話に出ました生産拠点を日本に戻すという試みにおいても、いわゆる電気をたくさん消費する産業を日本に戻すのが、現在、ものすごく難しくなっています。

石　こういう政策は結局、日本の経済をダメにして中国を助けることになっていますすね。

掛谷　なので、石油も石炭も駄目となると、原発を動かすしかない。中国はこの前、福島でトリチウム水を排出するのにものすごく反対していました。それは、日本が原発を動かして電気代が安くなってしまうと、日本に工場が回帰してしまうかもしれないからです。それはもう、中国にとっては絶対に許せない話だからです。

ですから、日本のエネルギー政策は、「自然エネルギーをたくさん入れさせて、原子力や火力は使わせない、とにかく日本を生産拠点にしない、二次産業を強くしない」という中国にとって都合のいい話を、自然に優しいとか、そういったオブラートに包んでやっているんです。ですから、そこをちゃんと見ないと駄目なんです。

石　問題の本質は、まさにここです。

掛谷　バイデンが、温暖化対策で、「脱炭素」を言っています。菅前総理は「脱炭素に関してては、バイデンさんについて行きます」みたいな感じでやっていましたが、バイデン政権の一番のネックは、この部分ではないかと私は考えています。これを進めると中国にものすごく有利になるんです。もしもCO2を出さない代わりに原発をやるというなら大丈夫ですが、原発もやらない、炭素も出さないとなると、中国の一人勝ちになることはもう間違いありません。ですから、いかに原発を炭素エネルギーの代わりに使う方向に持っていくかをアメリカと協力しながら考えないと駄目ですね。

石　それは私も大賛成。同じ考えです。今、思い返すと、オバマ政権のときに、グリーン革命とかクリーンエネルギーとか、そういった言葉が乱舞して、オバマ自身もそういった方向に政策を推進していったように記憶しているのですが、これはいったい何でしょう？民主党の一種の嗜好《しこう》なんてしょうかね？

掛谷　共産主義勢力というのは、いろいろと形を変えるんです。要するにフランクフルト学派と言われる人たちが、ソ連が崩壊して、これから何で食っていくかというときに、グリーン、自然保護を飯の種にしようと考えたわけです。ですから、実は自然保護の人たちは、根は共産主義者みたいなところがあって、自然エネルギーはどうしても、中国の得になるように、いわゆる資本主義、自由主義国の経済にダメージを与えるような方向になる。

世界の国がすべて脱炭素というのではなく、中国にはそれを免除するという考え方は、まさに自由主義、資本主義の国を弱らせて、中国みたいな独裁国家を太らせたいという意識が背景にある。そういう共産主義的な考え方の人たちが、いわゆる自然保護という看板で、自分たちの本性を隠しながらやっているんです。オバマはけっこうそういう人たちにシンパシーを抱《いだ》いている人だな、と私は思っていました。

石　自然保護の美名《びめい》に隠されている共産主義ですね。

掛谷　バイデン政権に関しては、ケリーとかも危なそうですね。アル・ゴア、ケリーなど、民主党には危なそうな人がけっこういます。ただ民主党の中にも、左翼系の人たちとエスタブリッシュメント系の人たちがいます。石油関係は共和党の支持層なので、そこにダメージは与えたいというのはどちらも同じですが、エスタブリッシュメント系の人たちは、現実的にクリーンエネルギーではやっていけないことがよくわかっていますので、原子力に行く可能性はあると私は思っています。

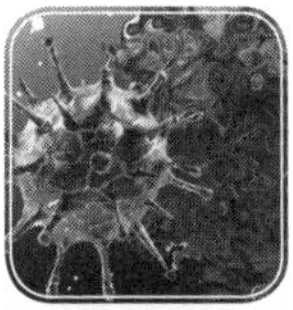

人権問題も環境問題も災いの元は中国にあり

――いわゆるポリティカル・コレクトネスはフランクフルト学派が広めたんですよね。

掛谷　日本は世界の中で、現在最もポリコレフリーな国だと私は思っています。今回、オリンピックの開会式の中で少しポリコレ系の話が出てきましたが、アメリカやヨーロッパに比べると、日本のポリコレは比較的、まだ寛容なほうなんです。

最近私が、筑波大学にアメリカから留学している学生とか、ＡＬＴ（外国語指導助手）として日本の学校に英語を教えに来ているアメリカ人に「どうして日本に来たのですか？」と尋ねると、「アメリカとかカナダのポリコレが嫌だから日本に来た」という人が何人かいたんです。

日本は、漫画とかアニメの表現がかなり自由じゃないですか。でも、現在のアメリカって、映画などでも非常にポリコレがきつくなり、表現の選択肢がものすごく狭くなっているんです。彼らは日本の漫画やアニメを見て、日本にはまだ表現の自由があると思って集まるのですね。

なので私は、日本は世界のポリコレの中のアサイラム（避難所）として、ポリコレが嫌になったら日本においで、という具合にできるといいなと思っています。

石　アメリカやヨーロッパは行き過ぎたポリコレで、日本的な、もうちょっと寛容性がある社会にしないと言葉のことばかりが気になって、恐怖政治になってしまう。

ひどい言葉狩りに関しては、中国の毛沢東時代、われわれも経験しました。毛沢東のことを『人民日報』が〝赤い太陽〟と褒め称える。だから、もしも誰かが、「今日は太陽がちょっと暑すぎるな、嫌になっちゃう」と言うと、逮捕されてしまう（笑）。現在のアメリカ、ヨーロッパのポリコレも、これに近いところまで来ている。

掛谷　おっしゃるとおりです。

石　もしも本当に人種差別の問題を採り上げるなら、私からすれば、一番の人種差別大国は、中国です。中国では、政府、民間で、ほとんど公然と人種差別が行われています。例えば黒人に対する差別も中国が一番ひどい。中国は、自分たち、中華民族、漢民族こそ、すごく優秀な民族だという中国人的な差別意識の中で、少数民族など、そのほかの者を差別する。

中国の官製テレビ局や映画でも、普通に日本人を差別しています。「日本人はもう進化しきれない、何か化け物と人間の間の人種だ」と公言する内容も、普通の出版物の中に出てきます。

ですからね、もちろん人種の平等は大事ですし、自然保護もそのもの自体は本来、悪いことではありません。しかし、先ほどのエコの話もそうなんですが、要するに、われわれの自由世界は、往々にして、それを極端化してしまって、逆に、われわれの社会を生きづらいものにして、自由を奪ってしまうのです。特に最近、それが顕著です。

一番重要なことは、「問題の源《みなもと》の中国という存在を無視し、度外視して、われわれが世界でどんなことをやっても、現在、ほとんど意味がない」ということをみんながわかっていないという点です。例えば、地球温暖化の問題にしても、二酸化炭素の排出にしても、中国の問題を放棄していると、西側自由世界がいくら頑張っても、ほとんど意味がありません。

結局、新型コロナの問題も同じですが、世界に起こっている多くの災いの元が、決してわれわれの自由世界にあるのではなく、中国にあるということを認識する必要がある。先ほどのエコの話もそうですが、われわれの産業を潰してまで中国を利するような愚行を、もう犯すべきではない。その点を、財界も学界も、みんなきちんと認識しなければいけません。

掛谷　中国って、すごくうまいなと思うのは、先ほど石平先生がおっしゃられたように、黒人差別がひどかったり、少数民族を差別したりしている一方で、何かで自分たちが攻撃されると、すぐに、「自分たちは差別されている」と上手にかわすんですね。

左翼というのは、常に自分を被害者のポジションに置くことにより、自分の行った悪行を相殺《そうさい》しようとする傾向があるんです。

例えば、今回の新型コロナの起源に関しても世界の中には、「中国の研究所が起源ではないかと言うことはアジア人差別につながるから、そういった疑惑を持つべきじゃない」みたいな議論をする人がいます。

石　この両者は全く別々の話ではないのですか。

掛谷　私も当然アジア人の一人なので、ツイッターで英語で反論しているのですが、「アジア人差別だから真相を追究するなという主張は、アジア人が何百万人という人たちが亡くなった原因の真相をウヤムヤにするのに賛成していることを前提としている。それは、われわれアジア人をバカにしているのと同じだ。アジア人であっても、科学を尊重する人間は、真相の究明を求めている」と書いたら、英語圏の人たちからかなり支持されました。

要するに、自分たちの悪事を覆《おお》い隠すために自分が差別されているという左翼お得意の論法を、中国はものすごく使うわけです。その一方で、自分たちが強い立場にいるときには、弱いものを差別する。

そういったダブルスタンダードみたいな行為に対しては、われわれも厳しい態度を取り、その詭弁《きべん》に乗らないようにしなければならないと思います。

石　大賛成です。まったく同感です。

第五章
新型コロナの起源は武漢研究所だ！
その科学的根拠を示そう

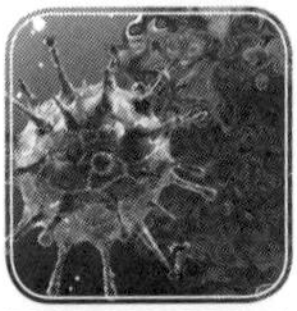

コロナ起源の解明はまたも先送り。肩透かしとなったバイデンの報告書。

石　そもそも武漢病毒研究所（中国科学院武漢病毒研究所・武漢ウイルス研究所）は国策的な研究機関で、しかも人民解放軍ともすごく関係が深いんです。要するに、ここで行われているのは、ただの基礎研究でもなければ、民業だけの研究でもなく、軍が関わっているものなのです。

そういう意味では、最初からウイルス的なものを触ったり、改造したりして、特別な目的に使う研究をするためにつくった機関なのです。

現在、世界中でウイルスを触って行う、いわゆる〝機能獲得研究〟（ウイルスの毒性を上げたり、ヒトに感染しやすくしたりする研究）は、かなり制限されていますでしょ？

掛谷　はい、そうです。

石　ところが中国は規制が緩くて、やりたい放題。

掛谷　そうなんですよ。だから、多くの学者は、中国と協力して危険な研究をしたがっています。そのために、いろいろな意味で中国の言いなりになっているんです。

石　みんな中国に協力しないと、共同研究をさせてもらえない。逆に、中国でなら危険な実験もまったく無制限にできる。

だから、掛谷さんのご著書『学者の暴走』（扶桑社新書）に書かれていますように、ファウチさんも武漢病毒研究所に資金を迂回《うかい》させて出していた。

コロナウイルスの起源はどこにあるのか。今までなかった変なウイルスが最初は武漢市で見つかった。そして新型肺炎の感染は、まず武漢で広がった。まず、この事実の重みを考えなければならない。どうして北京じゃないのか？　どうして成都じゃないのか？　コウモリが起源だと疑われているのなら、どうして雲南省じゃないのか？　どうして武漢なのか？　それを考えると、武漢には危険なウイルス研究を規制なく行うことができる病毒研究所があることがすべてではないのか。

以上のような点を常識的に考え、これまでの流れを見ますと、私自身は科学者ではありませんが、新型コロナウイルスはどう考えても武漢病毒研究所から流出したのではないかと考えています。

掛谷　私も同じ意見です。

石　今回バイデン政権が2021年8月27日に公表した情報機関の報告書は、私自身は概要を読んでがっかりしました。ところがその前、8月2日に米下院外交委員会のマイケル・マッコール筆頭理事（テキサス州・共和党）が発表した、83ページにも上る報告書には、決定的な証拠こそありませんが、状況判断から武漢病毒研究所流出を疑うことができる、かなりいろいろな事実が掲載されています。

どうして9月12日に武漢病毒研究所のサーバーから、これまで閲覧することができたデータに一斉にアクセスができなくなったのか？　しかもまさにその頃から、研究所周辺にある病院の駐車場で急速に駐車が増えている。それはどうしてなのか？　2019年10月18日に武漢市で開催された「軍人のオリンピック」・第7回軍事スポーツ世界大会（ミリタリー・ワールド・ゲーム）からコロナウイルスが世界に拡散した可能性が高い。

そのほか、数多くの状況証拠が挙げられています。

この報告書には、決定的な証拠は書かれていませんが、武漢病毒研究所流出という疑いは限りなく黒に近いと書かれています。

掛谷　はい。

石　本来なら科学者が決定的な証拠を掴む仕事をするべきですが、相手が中国ではそれができない。そうなると、情報機関の出番ですよ。ふつうの人が手に入れることができない情報を、情報機関が専門のやり方で手に入れる。それが情報機関の仕事です。

ところが、今回バイデン大統領に提出された情報機関の報告書を読みますと、何も書かれていないのに等しい内容となっています。

そこには二つの可能性があります。

一つは、何も掴んでいない可能性。もう一つは、実に多くのことをいろいろ掴んではいるが、分析や検証に時間がかかって、まだ発表する時期ではないと判断した可能性。

どちらかはわかりませんが、ただしね、一つはっきりと言えることは、2021年にバイデン大統領が指示を出して、アメリカの情報機関が調査を始めても、もう遅すぎたということです。

もしも武漢病毒研究所から発生していれば、2019年の秋のことです。それからもう一年半以上が経ちました。

それは中国共産党政権に、情報隠蔽、いや、情報を徹底的に破壊する、要するに証拠となる証拠をこの世から全部消してしまう十分な時間を与えてしまったことになります。

ですから、これからもしも決定的な証拠を手に入れようとするならば、掛谷さんのご著書にも書かれていましたように、武漢病毒研究所に当時勤めていたすべての職員のウイルス感染歴を調査しなければならない。しかし、それを行うとしても、彼ら全員がこの世から抹消されてしまう可能性もあります。

掛谷　中国共産党なら、やりかねないことです。

石　ですから、まだアメリカの情報機関が決定的な証拠を掴んでいないとしたら、今後、情報機関はさらに情報を集め、科学者たちは、その情報を元に武漢病毒研究所から本当に流出したのかどうか、新型コロナウイルスが自然に発生したものなのか、それとも人工的につくられたものなのかを分析する必要があると考えています。それが、それぞれの仕事だと思っています。ただし、現在は中国が情報をちゃんと出してくれませんから、調査が進まない。バイデン政権としては、中国に対して徹底的に情報を出すことを要求する、そういった圧力をかけるのがいいと私は考えています。

掛谷　石平先生が先ほどおっしゃったように、共和党の報告書には、２０１９年の９月12日に、武漢ウイルス研究所にあった２万２千ぐらいのウイルスのデータベースが、突然見ることができなくなったことが書かれています。しかしながらその後、アメリカがそのデータベースをうまくハッキングしたというニュースが出ました。

新型コロナウイルスが武漢ウイルス研究所から流出したということに関しては、共和党の報告書を含め、状況証拠はこれまで大量に出ています。しかし、決定的な証拠はない。この武漢ウイルス研究所のウイルスに関するデータベースは、内容によっては決定的な証拠になり得ます。逆にこのデータをハッキングして分析できない限りは、明確に研究所流出という結論に持っていくのは難しいと思っていました。

ただし、ハッキングには成功したが、中身の分析をするには非常に時間がかかるという報道でしたから、バイデン政権による報告書の発表には間に合わないだろうな、とも思っていました。今回の報告に予想外に内容がなかったのは、案の定、間に合わなくて、ということなのかもしれません。

石平先生もおっしゃられていたように、今回、情報機関がいろいろと調べたと発表されていています。しかしながら実は、ウイルスの起源に関して、情報機関は隠されている情報を獲るということは仕事としてできますが、その情報を分析するためには高度な科学的知識が必要です。ところが情報機関の中で、いわゆる微生物学に関してのエキスパートがいるのは、恐らくはＦＢＩだけだろうと言われています。ＦＢＩは科学捜査をやっていますので、微生物学の専門家がいるようですが、ほかの情報機関にはそういう知識がありません。

石　おっしゃるとおりです。

掛谷　ですから、本来なら石平先生がお話しされていましたように、情報を獲るのは情報機関の仕事で、獲った情報の分析は専門家に任せるべきなのです。

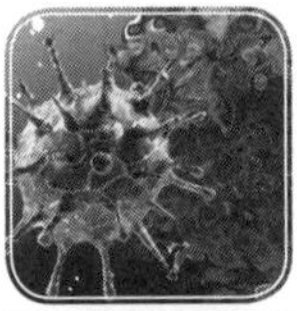

私利私欲に目がくらむウイルス学者と真実を求めるネットの有志グループ

掛谷　ところが、実は現在、それが困難になっています。ウイルス学者の多くが研究所流出だった可能性を隠蔽しようとしているのです。なぜかといいますと、もし新型コロナウイルスが研究所から漏れたということになると、今後ウイルス関係の研究予算が大幅に削減されてしまうことになるんですよ。逆に、天然発生となると、これからウイルスの研究をもっとして予防しなきゃいけないと予算がもらえることになります。

　ですから、「天然発生なのか？　研究所流出なのか？」でウイルス学者は天国と地獄なんですね。要するに、公平な立場で分析をしなければならないアメリカのウイルス学者自身が、利害関係者になってしまっているんです。

石　なるほど、これでは純学問的で公正な判断はできないですね。

掛谷　ウイルス学者たちのメールなどの情報公開があってわかったことですが、実は最初の頃は、みんな、「このウイルスは人工的につくられたものではないか？」と疑っていたんですね。クリスチャン・アンダーセンもエドワード・ホームズも、シャンリー・リウも、スーザン・ワイスも、ウイルス学者同士のメールでは、「人工じゃないか？」と話していたんです。

ところが、彼らはその頃から強硬《きょうこう》に、表では、「新型コロナウイルスは天然だ」と公言していたわけですよ。最初の段階から、もう表と裏の二枚舌だったんです。

つまり、本来は専門家に分析してもらう必要があるのですが、専門家の大半が利害関係者で、意図的にウソをついている。ですから、フェアな分析をしてくれそうな専門家が非常に少ないという異常事態に陥っているんです。

石　結局、ウイルス学者たちの私利私欲が科学的解明を妨げていますね。

掛谷　ただ、公平な人が誰もいないわけではありません。微生物学が専門で、ほとんど唯一と言ってもいいぐらいフェアなスタンスをとっておられるのが、デイヴィット・レルマンというスタンフォード大学の先生なんです。この方は「天然発生の可能性もあるが、研究所流出の可能性も十分ある。証拠がないと断言できないので、調査が必要だ」と非常にフェアな発言をされています。

石　それこそは科学者のしかるべき姿勢ですね。

掛谷　昔からずっとフェアな意見を言われている方で、ユーチューブに発言の記録が残っているんですよ。例えば、武漢ウイルス研究所の石正麗《せきせいれい》にウイルスの遺伝子組み換えの技術（機能獲得研究）を教えたのが、ノースカロライナ大学のラルフ・バリックです。2014年にラルフ・バリックが登壇したシンポジウムがあったのですが、そこでレルマン先生が「SARSやMERSの機能獲得研究で、ヒト–ヒト感染の能力を高めるような実験は果たして許されるのか」と質問されています。バリックはお茶を濁した回答をしていましたが。

このレルマン先生は、先日のバイデン政権の報告書が出た後に、もう時間が経ちすぎて真相はわからないのではないかという声に対して、「ウイルスの起源はいずれ解明されるから、追究を続けなければならない」ともおっしゃっていました。

ですから、データは情報機関が集め、ある程度分析し終えたら、科学的なオーソリゼーションはレルマン先生のような利害関係のない科学者にしてもらうというようなアプローチで行えば、真相究明に近づくと思います。

実際、ハッキングしたデータをもとに、今後、利害関係のない科学者たちの調査は続くと思います。

バイデン大統領も、中国に調査のための協力を求め続けると言っていますし、WHO事務局長のテドロスさんも、7月15日に、「セカンドフェーズの調査が必要だ」と発言し、WHOも8月12日に継続調査が必要だという声明を出しました。まあ、中国はどうせ応じないとは思いますが。武漢ウイルス研究所での研究には、NIH（National Institutes of Health＝アメリカ国立衛生研究所）からピーター・ダシャックが代表を務めるエコヘルス・アライアンスを通じてお金が流れていて、米国内に協力している研究者がたくさんいるので、そのあたりから調べることも可能です。アメリカ国内で調査できることもたくさんあります。

石　確かに、それは一つのやり方ですね。

掛谷　この点について、一つ大きな動きが9月7日にありました。エコヘルスアライアンスからNIHに提出された予算申請書と報告書が公開されたのです。当初NIHが公開を拒否していたのですが、それに対し、インターネットメディアのザ・インターセプトが訴訟を起こし、1年かけてようやくドキュメントを入手したそうです。新たに情報公開された資料で、ファウチが議会で繰り返した「ＮＩＨは武漢ウイルス研究所の機能獲得研究を援助していない」は偽証であったことが確実になりました。

石　ここから疑惑の解明が進み、新型コロナの起源の究明に近づける可能性が出てきました。

掛谷　別の情報公開で出てきたファウチのメールには、まだ黒塗りで隠されているところがけっこうありますので、その部分を公開しろ、という要求も現在アメリカ国内で起きています。共和党の報告書は、「ダシャックを議会に召喚して証人尋問をしろ」とも言っています。問題は、民主党が消極的なことです。

ただ、民主党も一枚岩ではないんですよ。上院の民主党議員の中にはロバート・メネンデスやマーク・ワーナーのように調査を求める声明を、共和党の議員と一緒に出した人もいます。しかし、民主党の下院にはナンシー・ペロシを始めとして、中国べったりの人が多く、ダシャックなどの召喚に現在、消極的なんですよ。

石　なるほど。

掛谷　アメリカの国民の半数以上は、「研究所から漏れたのではないか」という意見ですし、２０２２年には中間選挙もありますから、なんとかプッシュして、中国に協力しているアメリカのウイルス学者を議会に呼び出し、まずはアメリカ国内で真相究明をする。もう一つは、ハッキングしたデータを、レルマン先生を含め、公平な学者で分析する。この二つによって、中国がたとえ協力してくれなくても、なんとか今後、1年、2年をかけて真実を解明することができるのではないか、と考えています。

石　掛谷さんが研究所流出を疑い始めたのは、どういったことがきっかけだったのですか？

掛谷　私は現在、電子情報工学を専門にしていますが、学部生時代は生物科学を専攻していました。当時は、有名な『遺伝子の分子生物学』『細胞の分子生物学』という分厚い英原書を読破したりしていました。ただし、生物学系の実験が性に合わなかったため、専門分野を変えたのです。

石　なるほど、そうだったのですか。

掛谷　新型コロナウイルスの起源に興味を持ったきっかけはですね、このウイルスに関して、もちろん日本の報道はまったく信用できませんから、アメリカ人やイギリス人が、論文や政府統計をベースにいろいろな情報を紹介しているサイトを見ていたんです。その中で見つけたのが、リタイアしたイギリス人看護師のジョン・キャンベル博士が開いている動画チャンネルや病理学者のクリス・マーテンソン博士、医師のロジャー・シュエルトのチャンネルでした。

あるとき、マーテンソン博士が自分のチャンネルで、「新型コロナウイルスは人工的に改変されている可能性が高い」という話題を採り上げました。

マーテンソン博士の説明には、「新型コロナウイルスの遺伝子配列を見ると、人工ウイルスである可能性が高い。その根拠は以下の2点――①新型コロナウイルスのスパイク蛋白質の受容体結合部位が、ほかの動物よりも人間のACE2受容体に最もよく結合する②ウイルスを細胞内に侵入しやすくするフーリン切断部位というアミノ酸配列が、類似するほかのウイルスにはないのに、このウイルスには挿入されている――」とありました。

石　そこのところを詳しく教えてください。

掛谷　新型コロナウイルスのワクチンの解説に、「コロナウイルスは、スパイク蛋白がACE2受容体に結合して感染します」という説明が出てきます。ワクチンは抗体が邪魔をして、ウイルスをACE2受容体に結合させなくすることで感染を予防します。

石　はい、掛谷さんに示していただいた図1を見ますと、よくわかりますね。

掛谷　ウイルスが動物に感染するためには、まず、動物の細胞の表面にある受容体に結合

図1

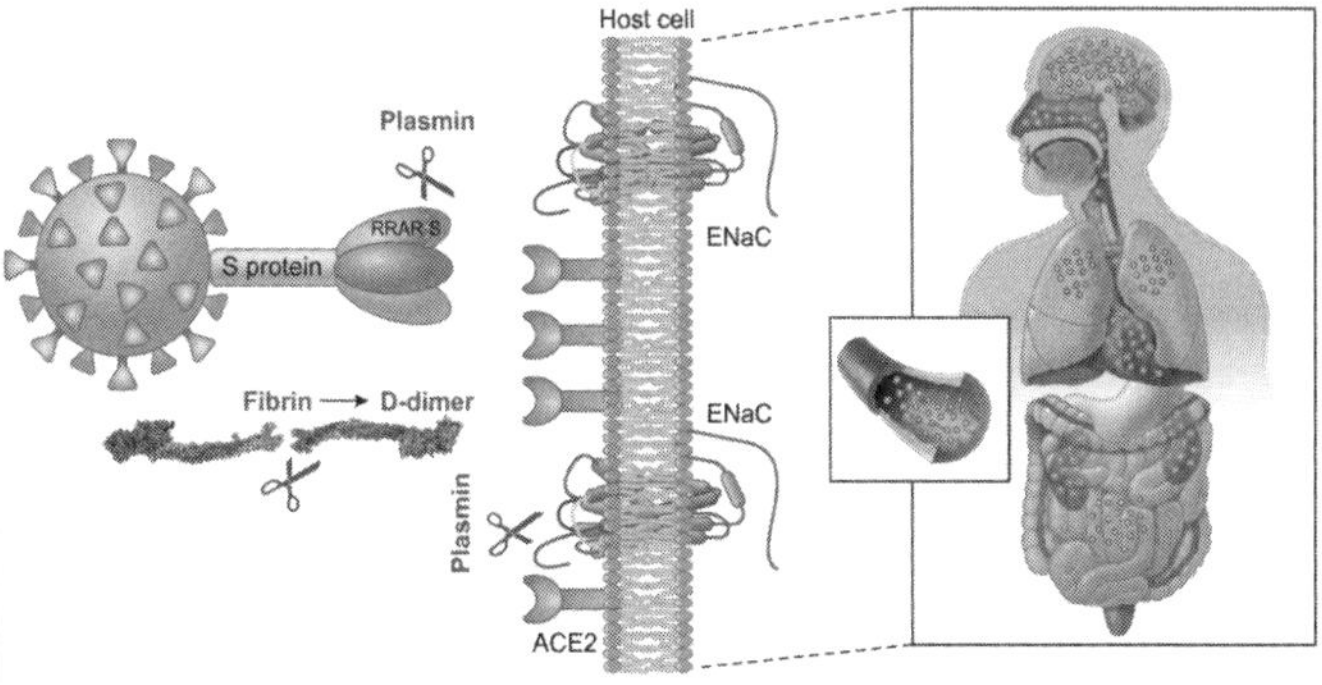

https://journals.physiology.org/doi/full/10.1152/physrev.00013.2020

ウイルスが ACE2 受容体に結合することで感染が起こる。フーリン切断部位はウイルスが体内に侵入しやすくする。

図2

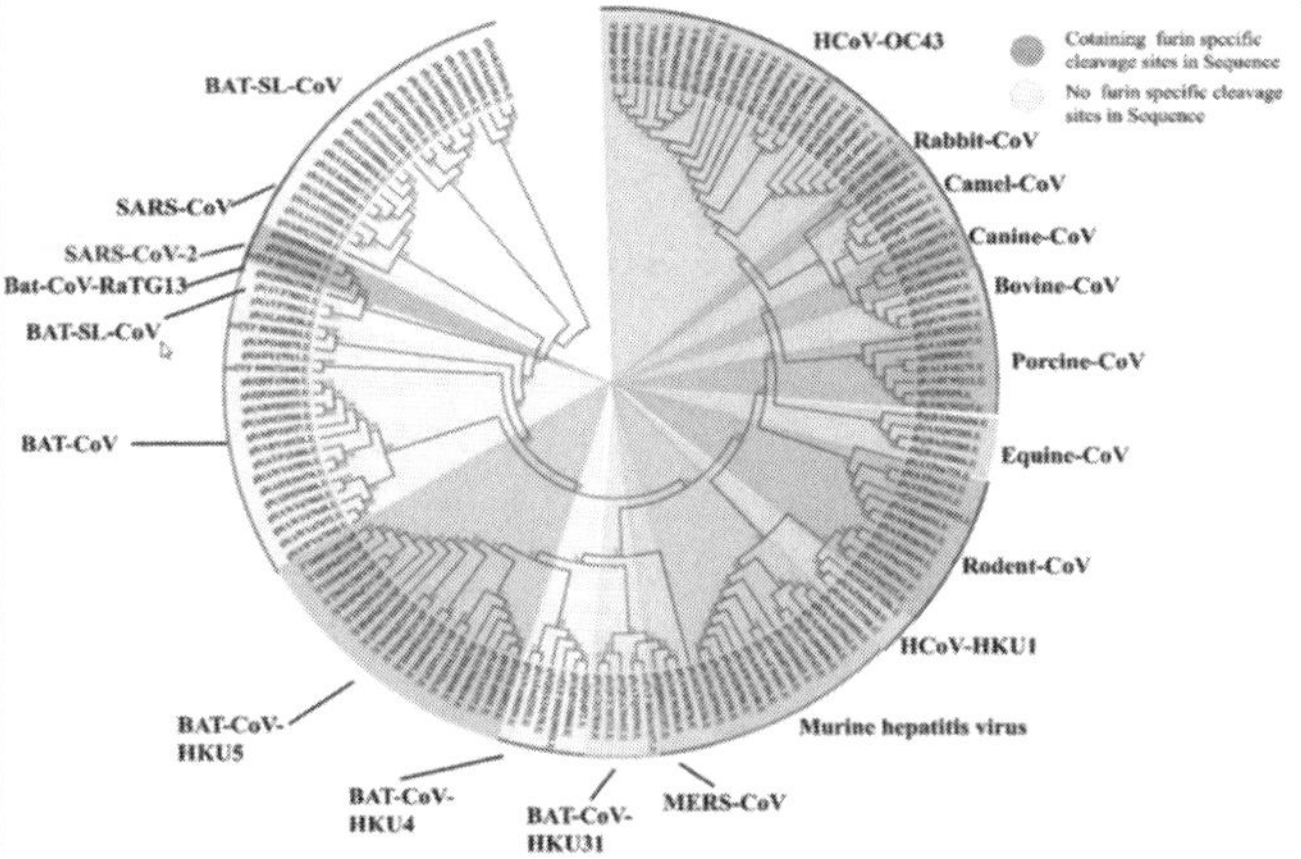

http://chinaxiv.org/user/download.htm?id=30223

遺伝子配列が近いウイルスは近くに配置されている。グレーの部分がフーリン切断部位を持っているウイルス。左上にある SARS-CoV-2（新型コロナウイルス）に遺伝子配列が近いウイルスにはフーリン切断部位はない。

する必要があるんです。動物によって受容体は異なりますので、あるウイルスはコウモリには感染するが、人間には感染しないということが普通です。

石　なるほど、よくわかりました。

掛谷　ところが、もともと人間には感染しない、人間の受容体に結合しないウイルスに、何らかの変異が起こると、種の壁を越えて結合するようになります。

実際、新型コロナウイルスはコウモリの受容体には結合せず、人間の受容体に強く結びつくことがわかっています。

石　その「何らかの変異」が病毒研究所で行われたのではないか、ということなんですね。

掛谷　はい。さらに受容体に結合したウイルスが、感染という状態をつくるためには人間の細胞の中に入り込むことが必要です。そこで活躍するのがフーリン切断部位。これがあると、ウイルスは細胞の中に入りやすくなるのです。

マーテンソン博士の説明の①に関しては、コウモリのウイルスの受容体結合部位に人工的に手を入れ、人間に感染しやすくする研究成果を、武漢ウイルス研究所の石正麗たちの研究グループが、ノースカロライナ大学との共同研究として2015年に、『ネイチャー・メディシン』に報告しています。

図3

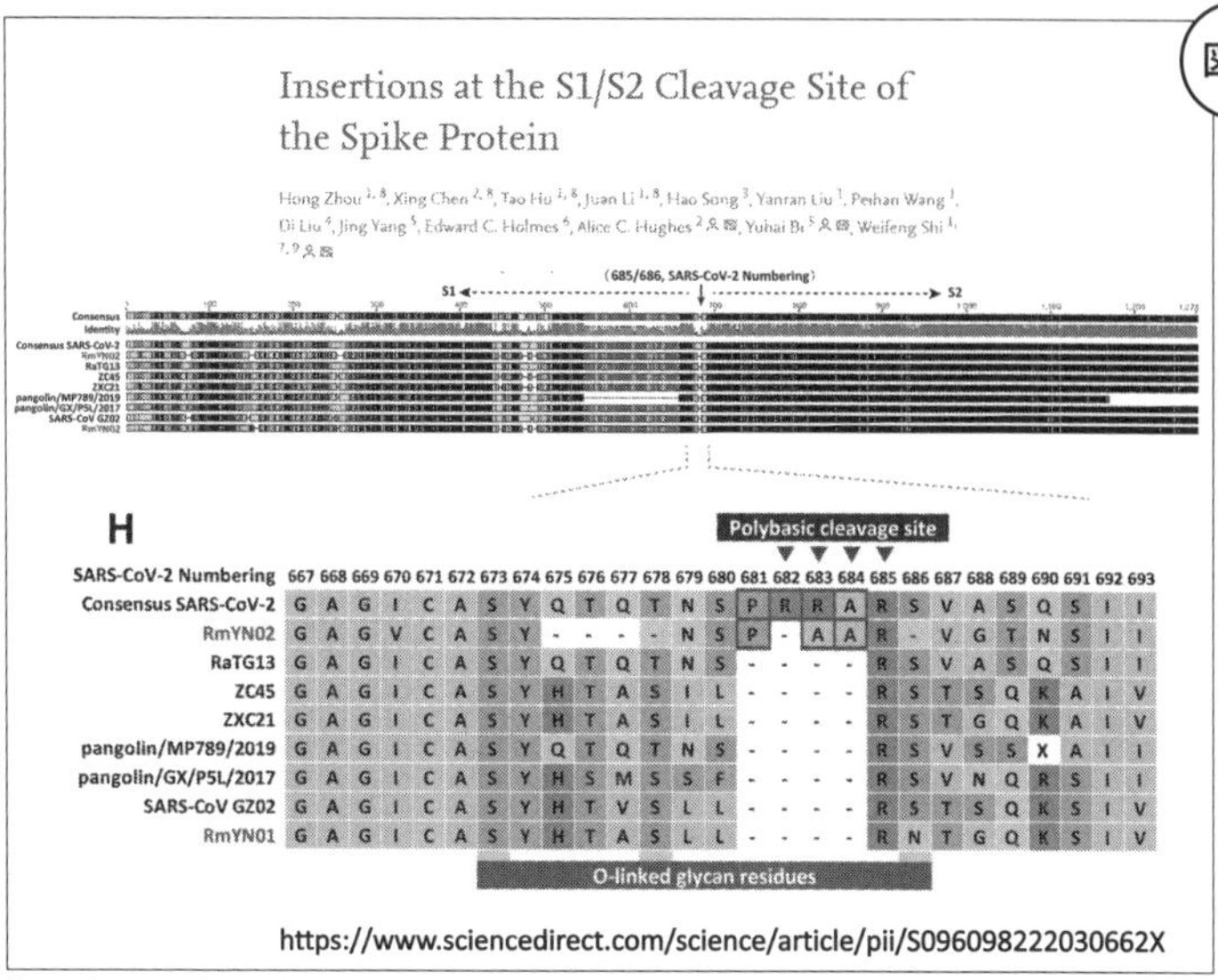

「RxxR」のアミノ酸配列がフーリン切断部位。SARS-CoV-2はまるで当てはめたようにこのアミノ酸配列が入っている。その下は自然に起こった変異で、SARS-CoV-2の変異を説明するために出されたものだが、SARS-CoV-2ほど見事にははまらない。

石　ならば武漢研究所はその時点ですでに、コロナウイルスを作り出す能力の一部を獲得していますよね。

掛谷　また、②については、２００２年から03年にかけて流行したＳＡＲＳウイルスにはフーリン切断部位がないのですが、ＳＡＲＳウイルスに人工的にフーリン切断部位を入れる研究は、中国、日米欧で多数の研究グループが行っており、その成果はいくつも論文化されています（図２を見ればわかるようにＳＡＲＳ－ＣｏＶ－２・新型コロナウイルスに似たウイルスにはすべてフーリン切断部位はない）。

石　中国だけでなく、ほかの国でも危ない研究は行われているのですね。

掛谷　特に北京では生きたウイルスを使った研究もされていました。

石　非常に危険な研究ですね。

掛谷　マーテンソン博士の動画によると、「新型コロナウイルスが人工的につくられたものではないか？」と疑われる最大の理由は、これらの過去の研究成果として報告されてきた二つの遺伝子配列の改変が、同時に起きているからです。

石　同時に起きているのは、ただの偶然とは思えませんね。

掛谷　マーテンソン博士の動画を見て、この問題に非常に興味を持った私は、さらに各種の論文を読み、科学的に見て、新型コロナウイルスの遺伝子に人工的な改変がある可能性が高いのではないか、と考えるようになりました。

石　なるほど、これで武漢研究所起源説に関する掛谷さんの所見の由来がよくわかりました。私も、今のご説明を聞いて、コロナウイルスはやはり武漢研究所から出たのではないかとの認識を強めました。

掛谷　しかし、私が分子生物学を勉強していたのはもう四半世紀以上も前のことです。正直に言えば、自分の判断に自信は持てませんでした。そこで、かつて分子生物学を専攻し

図4

Peak Prosperity, Dr. Chris Martenson (Pathologist)

https://www.youtube.com/watch?v=R6y8dlhoMpo
https://www.youtube.com/watch?v=uZUJhKUbd0k
https://www.youtube.com/watch?v=wJzGqVyAtlg
https://www.youtube.com/watch?v=eD3ztjqYGbg
https://www.youtube.com/watch?v=T1Hw09ncBfE

マーテンソン博士の動画によると、「新型コロナウイルスが人工的につくられたものではないか？」と疑われる最大の理由は、ACE2 受容体結合部位とフーリン切断部位に不自然な変異が、同時に起きているからだ。

図5

考察・まとめ

- Dr. Martensonの仮説
  センザンコウのRBDとRaTG-13のキメラを作って、そこにfurin cleavageを人工的に挿入した。

- ゲノム配列から言えること
  配列だけで人工、天然の断定はできないが、確率的には人工の可能性が高いように見える。少なくとも、天然と断定するのは不自然。

マーテンソン博士が紹介していた資料の多くは、DRASTIC（Decentralized Radical Autonomous Search Team Investing COVID-19）によって収集・分析されている。

ていたときに知り合った友人や、大学で生物学系の研究をしている同僚、インターネットを通じて知り合った元研究者たちとオンラインで勉強会を始めたことは第一章で述べたとおりです。

その後、マーテンソン博士が紹介していた資料の多くは、DRASTIC（Decentralized Radical Autonomous Search Team Investing COVID-19）というグループによって収集・分析されていることを知りました。

DRASTICは現在、世界的に注目を集めている民間の匿名ネット集団です。DRASTICの主要メンバーの一人にユーリ・デイギンという人がいます。彼はコロナウイルスに関連する過去の論文や塩基配列をまとめたものを紹介しており、研究所流出説の可能性が高いと唱えていたのですが、私にはそれが科学的に非常に説得力があったんです。

では、「天然発生説を唱えている人たちは、どんな根拠で発言しているのか？」と考え、天然発生説の根拠とされているアンダーセンやホームズらが書いた『ネイチャー・メディスン』誌掲載の論文を読んでみたんです。ところがそれは、論文として「これは天然発生の証拠にはならないだろう」というほどお粗末なものだったんですね。

天然発生説の学者たちがこの論文を根拠に発言しているならば、天然発生説はまったく信用できないなと考えたんです。逆に、ユーリ・デイギンなどが言っている研究所流出で、かつ、バイオエンジニアリングされているという説のほうが、はるかに可能性は高いと思うようになりました。

ＤＲＡＳＴＩＣ以外にも、Ｐａｒ·ｉｓ Ｇｒｏｕｐと呼ばれている集団があるんですよ。実はＤＲＡＳＴＩＣとメンバーは重なっているのですが、Ｐａｒ·ｉｓ Ｇｒｏｕｐは研究者が中心で、遺伝子学者、ウイルス関係の専門家が参加しています。

私は２０２１年の３月からこのメンバーになりました。Ｐａｒ·ｉｓ Ｇｒｏｕｐは月に一回オンライン会議を行っていて、私も参加しています。なので、最新の情報が入ってきます。ただし、議論の具体的な中身は公表してはいけない規則になっていますので、詳しい話はできないのですが。

いろいろなジャーナリストの方々がジェイミー・メッツル（第二章でも紹介）の発言を引用されていますが、ジェイミー・メッツルもＰａｒ·ｉｓ Ｇｒｏｕｐの一員で、オンライン会議でいつも話しています。あと、8月27日放送のＴＢＳテレビの『あさチャン！』でＤＲＡＳＴＩＣが紹介されたときには、同メンバーのジル・デマニュフが出演していましたが、彼もParis Groupにも参加していて、よく知っています。

ですから現在、私は世界の人々と新型コロナウイルスの起源に関して、さまざまな情報交換ができるようになっています。

私自身も100本以上の論文を読み、現在では99パーセント、新型コロナウイルスは研究所流出で、人工的な改変を含むものであると考えています。

石 学者の掛谷さんがそこまで確信を持っているなら、武漢研究所から出たことの確率はやはり「99パーセント」であって、つまりほぼ確定ですね。

掛谷 では、日本の学者は新型コロナウイルスの起源に関してどう考えているのか？

私はもちろん、日本の生命科学者の何人かともこの話をしています。多くの学者はやはり研究所流出の可能性がそれなりにあるとは思っているんです。ただ、みんな言いたくないんです。中国と仲が悪くなると共同研究ができなくなりますし、研究所起源だとわかると生命科学研究への不信が広がって、研究に支障が出たりすることを心配しています。あと、生命系の学者には左翼が多い傾向もあります。

先日、議論した生命科学者の人は、ウイルスに大変に詳しくて、その人も「断言はできないけれども、人工の可能性がある。こういうやり方でつくったのではないか」と話されていました。

しかしながら、実はその人は、中国の研究機関に何年かいたんですよ。どうして中国へ行ったのかというと、日本ではポジションがなかったからなんですね。その後、なぜ日本に戻ってきたのかというと、中国に捨てられたからなんです。よくあるパターンです。ところがですね、中国に捨てられているのに、中国に対してマイナスになるようなことはあまり言わないんです。ハニトラとか、何か特殊な事情があるのかもしれませんが。

今回のウイルスの件も、「中国の研究の安全管理はあまりに杜撰《ずさん》なのではないか」と私が問うと、「あの国は、ああいう文化だから仕方がないよ」みたいな答え方をするんですよ。

石　しかしそんなことを言ったら、中国のやることは何でも許されてしまうのではないですか。

掛谷　「このウイルスのために400万人以上も亡くなっているわけでしょう。規制などをする必要があるんじゃないですか」と話すと、「いや、研究すれば、薬だとか治療法だとか、世の中の役に立つかもしれないことを行っているんだから」と説明するんです。「IAEA（国際原子力機関）みたいな監視制度を入れるべきなんじゃないか」と話すと、「そんなことをして研究を他人に見られたら、アイディアが盗まれる危険性がある」などと、もう非常に利己的で、４００万人以上が亡くなっていることに対する重みがまったくないんです。

私はほかの生命科学者の人たちとも話をしましたが、世界中でこれほど多くの人々が亡くなっているという事実に対して重く受け止めるという感覚のある生命科学者はほとんどいませんでした。もう、自分の論文が書けて出世できる、研究予算がもらえる、それ以外のことは考えていないんですよ、あの人たちは。

私は、こういった生命科学者に対する憤《いきどお》りがすごいんです。もう石平先生が中国共産党に向ける怒りと同じです。

石　今のお話を聞きますと、私もそれらの生命科学者に対する憤りを感じるようになりました。彼らのやっていることは結局、中国共産党の隠蔽工作への加担ではないのか。

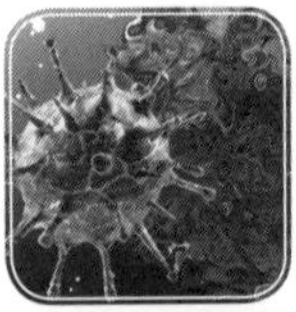

起源を追及しないと、中国が次は意図的にウイルスをバラ撒く可能性がある！

石　ただ、中国に対して国際社会が徹底的に追及するべきなのは、新型コロナウイルスに関しての情報公開以外に、もう一つ大きなものがあります。

それこそ、新型コロナウイルスが最初に武漢から発生し、拡散し始めた時点で、中国政府が（声に力を込めて）意図的に隠蔽した事実です。この責任を徹底的に追及しなければなりません。

武漢病毒研究所から流出したかどうかは、さまざまな面からの科学的な議論が必要です。しかし、武漢からコロナウイルスが拡散した最初の段階で、中国政府がこのウイルスを隠蔽したということは、すでに明確になっています。

例えば、有名な李文亮医師たちは2019年12月31日に、自分たちのグループのチャットで新型コロナウイルスの話をしたところ、2020年1月になって、警察に出頭を命じられ、訓戒書を書かされ、取り締まりの対象となりました。

その後ウイルスは一気に拡散しましたが、1月初旬の段階で中国政府は、依然としてヒトからヒトへは感染しないと伝えていました。

これらのことに関しては、アメリカの情報機関に頼らなくても、すでに明確な事実として証拠が残されていますから、中国共産党も否定することはできません。

掛谷　おっしゃるとおりです。

石　当時の中国のテレビにも新聞にも、中国政府が「ヒトからヒトへは感染しない」と話したと出ています。中国政府がウソをついたという証拠がいくらでもあるんです。

問題は、この件を追及したときに、中国共産党政府が「いやあ、下が勝手にやったもので、中央政府は知らん」と言い訳をした場合です。

掛谷　（笑）。

石　しかし、その点に関しても実は、それをひっくり返す重要な証拠があるのです。当時の武漢市長の周先旺《しゅうせんおう》さんという人が、中央テレビ局の番組で、「（感染状況の情報公開が遅れたことについて）地方政府は情報を得ても、権限が与えられなければ発表することができない」と発言し、中央政府の責任だと話したという映像です。この映像自体、いつでも見ることができます。

また、中国共産党がやっと武漢を閉鎖したのは2020年1月23日になってからです。しかも実際にロックダウンしたのは午前10時だったのですが、まだ未明の2時に中国政府の都合でロックダウンのアナウンスをしてしまったのです。要するにロックダウンの宣言から実際にロックダウンされるまでに8時間もあり、その間にウイルスに感染している可能性のある何百万人もの武漢市民が武漢から出てしまった。この大きなミスに関しては中国政府も認めています。

さらに、一番問題となっているのは、武漢市がロックダウンしても武漢の空港は閉鎖していなかったという事実です。依然として国際便を飛ばしていました。

ですから、武漢病毒研究所から流出したかどうかを追及する一方において、それとは別に、中国政府が意図的に情報を隠蔽して国際社会を騙したという事実も追及するべきなのです。しかもWHOまで1月14日までは中国政府の発表を鵜呑《うの》みにして「ヒトからヒトへは感染しない」と発言していた。そのためにウイルスが世界中に拡散して、400万人もの人たちの命を奪ってしまったんです。

中国政府が最初からきちんとした対処をしていれば、例えば武漢市内で感染が拡大し始めた時点ですぐに情報公開して封じ込めていれば、世界規模の感染拡大にはならなかったでしょう。

掛谷　おっしゃるとおりです。

石　ですから、起源の追及と同時に、中国中央政府の負うべき責任、つまり、隠蔽というウソをついたという事実を、人道に対する犯罪として、徹底的に追及しなければいけません。

それこそね、国際社会、アメリカだけじゃなく、被害を受けていない国はどこもないのですからね。被害国は、国際委員会のようなものをつくって、中国政府の責任を、賠償責任と道義的責任を徹底的に追及しなければならない。そう思います。

掛谷　石平先生のおっしゃるとおりです。実は具体的に〝国際保健規則〟というものがあるんです。そこでSARSなどを含む新たな感染症例はWHOに報告することが義務付けられていて、明文化されているんです。ですから、石平先生がおっしゃったような中国政府の責任に関しては、追及することは可能です。

実は、西洋の学者の中にも、例えばオランダのロン・フーシェやコロンビア大学のイアン・リプキンなど何人かが、少なくとも2019年12月中旬の時点で、武漢で肺炎が流行っているらしいと報告を受けていると語っています。

それなのに、12月31日まで中国はWHOに報告していなかった。これは中国が国際保健規則に違反したと言える事実の一つです。

もう一つは、DRASTICのメンバーが中国国内の情報を探して見つけ、明らかにしたのですが、2012年に雲南省の廃銅山で6人の人がSARSに感染し、3人が亡くなったんです。中国側はSARSではなく、菌類への感染と主張しているのですが、DRASTICが中国語の治療履歴を含んだ論文を探し出し、SARS感染だったことを暴いた。

これもWHOに報告していないので明確な国際保健規則違反です。ですから、WHOから中国に対して、それを口実に調査に応じさせることもできます。さらにDRASTICは、武漢ウイルス研究所の石正麗がコウモリから採取した新型コロナに最も近いウイルスと、2012年に、中国の銅山で3人が死亡した際に発見されたウイルスの断片が全く同じであることを暴きました。

また、石正麗の研究グループは、この廃銅山のコウモリのウイルスを採取して、武漢の研究所に持ち帰っていたこともわかっています。ですから、ここに生息するコウモリのウイルスを調べれば、例えば新型コロナウイルスとのこの部分とこの部分だけが異なっていて、人工的に組み替えたんじゃないかとか、今回の新型コロナウイルスの起源も調べることができる可能性があるんですよ。

石　なるほど、これもきちんとやるべきことですね。

掛谷　つまり、科学的に言いますと、武漢ウイルス研究所を調べる以外にも、いろいろと奥の手は、調査する手段はあるのです。石平先生がおっしゃったように、まずは今回の新型コロナウイルスについて初期段階で報告しなかったということと、2012年にSARSの症例を報告しなかったということ。これらの件について責任追及すれば、同時に新型コロナウイルスの起源についても明らかになるかもしれません。だから、まずはこの国際保健規則違反という点で追及するのがいいのかなと私は考えます。

石 そうですね。コロナウイルスが研究所から出たかどうかを追及することは大事です。しかし先ほどもお話をしましたように、国際社会が力を入れて追及すべきことがもう一つあり、それは中国政府が情報を隠蔽したこと、世界に向かってウソをついたことです。これらは情報機関が調査しなくても、世界中のみんなの前で起こった事実ですから、中国政府のその責任を、まずは徹底的に追及しなければならないですね。

思うに、私の感触としては、現在、武漢ウイルスの起源が追及の焦点となっている反面、初期の段階で国際社会に情報を公開する、報告するといったことを怠《おこた》った中国政府に対する責任の追及が、ちょっと蔑《ないがし》ろにされていると感じます。

掛谷さんがおっしゃっておられたように、世界中で数え切れないほどの人々が感染し、400万人の命が失われて、経済的にも多くの人々が苦しみました。日本でも、商店街の親父さんからラーメン屋の店主まで、みんな苦労してつくったお店が潰れた。そういうことがウヤムヤにされてはいけないんです。

掛谷 さらに、実は新型コロナウイルスの起源が、研究所であれ、天然であれ、起源を調べるということは、次のパンデミックを防ぐために必要なんです。なぜかと言いますと、原因がわからないままだとまた同じことが起きるのを防げないからです。

今すごく不思議に思っているのは、天然だとすると、どういう経路で感染したのかということを調べ、そこを食い止め、対策をしなければならないのに、ウイルス学者や生命科学者で、天然発生を断固として主張している人たちは、その点に対してまったく何の関心も持っていないんですよ。

石　実はね、私にはもう一つ問題意識がありまして、例えば今回、武漢病毒研究所から出たんだとすれば、それが不用意に漏れたのか？　それとも最初からね、いわゆる陰謀論的に言えば、まさに生物兵器として開発され、それを意図的に放ったのか？　という点です。まあ、今回に限っては、生物兵器として意図的に放ったという可能性は非常に低いと私は考えていますが。

掛谷　私もそう思います。

石　今回、生物兵器説はほぼゼロに近いと考えますが、問題はこれからです。もし国際社会が、武漢研究所から出たということを突き止めない。どこから出たかがウヤムヤにされてしまう。しかも、情報の隠蔽により結果的にコロナウイルスの世界的拡散に至ったという中国政府の責任も追及しない。というようなことなりますと、つまり今回、中国の責任が一切問われることがなく終わってしまったら、次に中国はウイルスをまさに生物兵器として使い、意図的に拡散させる可能性が出てくるのです。

第六章でお話をしますが、現在の習近平政権は、もう普通の理性やわれわれの常識では計ることができない狂気の政権になっています。そんな彼らからすればウイルスを使っての生物戦ほど（語気を強めて）コスパの高い作戦はありません。要するに、例えば中国が生物兵器の一つとして今回のようなウイルスを開発して西側に放てば、西側を全滅させることができるんです。

掛谷　おっしゃるとおりです。

石　特に、今回のウイルスへの対応において、残念ながらわれわれ民主主義の弱点が暴露されたんですよ。ただ、それは仕方がないことなんです。われわれの民主主義社会は、ウイルスの蔓延を阻止するには弱いんです。中国なら、マンションの中で一人でも感染者が出たら、そのマンションを完全に封鎖することができます。しかしわれわれの社会では、そんなことができるはずがない。習近平たちからすれば、今回の出来事で、西側の民主主義社会の一番の弱点がわかった。〝あいつらはウイルスに弱い〟と。だから今後、もしも西側と「どちらかが死ぬ」といった戦いになれば、中国は意図的にウイルスをバラ撒くという可能性もないわけではありません。ですから、今回のことは絶対に、徹底的に追及しなければならない。そのことが要するに、「万が一、生物兵器的な手段をとれば、君たちも破滅するよ」みたいな一種の警告になるのです。

掛谷　（うなずく）。

石　そういった意味で、今回、徹底追及は絶対に諦めるべきではないのです。

掛谷　私もまったくおっしゃるとおりだと思っています。もしも研究所起源だとすれば、今回は生物兵器ではなかったと私は考えますが、将来的に、兵器として使うことを念頭において研究をしていたことは間違いないわけです。恐らくは今後も研究を続けると思いますので、今回の件がブラックボックスのままだと、彼らはより危険なウイルスをつくってくるかもしれません。

ですから、研究所からの流出であれば、そうであったことをきちんと突き止めてですね、今後、危険なことをさせないようにする必要がありますし、もしも天然であれば、また同じようなことが起きないように、どういったルートで感染したかということを、調べる必要があります。それなのに、そのことに関しては、ウイルス学者はまったく関心がないんですね。
実は最近、中国もアメリカの感染医学研究所のフォート・デトリックから流出したと言い始めました（笑）。

石　（爆笑）。

掛谷　フォート・デトリックは確かに細菌兵器の研究をしています。しかし、炭疽菌やエボラ、天然痘などは扱っているものの、コロナウイルスに関しては研究をしていません。ですから、コロナが漏れるはずがないのに、荒唐無稽《こうとうむけい》なことを言っているのです。

石　荒唐無稽なことを真面目な顔で言うのは中国共産党の伝統芸です。

掛谷　最初のうちは中国と欧米の生物学者の思惑が一致していたんです。要するに、彼らはどちらも武漢ウイルス研究所からの流出を否定したかった。ところが中国は現在になっても自国から中間宿主《しゅくしゅ》が見つからないので、天然とも言えなくなり、「新型コロナウイルスはアメリカから来たんだ」と主張し始めました。ウイルス学者は、とにかく天然ということにしたいので最初は中国の仲間でしたが、中国が荒唐無稽な主張をし始めたことで、協力できなくなっています。お互いに泥仕合を繰り広げてもらって、そこから真相が漏れてくるといいなと思っているのですが（笑）。

石　あははは、それは面白い展開だ。

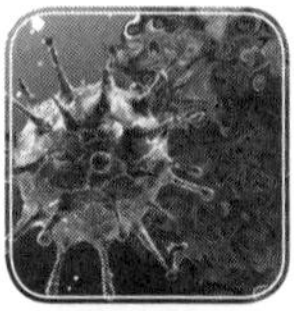

あくまで中国が情報を隠すならば、世界は中国とのつき合い方を考えるべきだ

掛谷　とにかく将来のパンデミックを防ぐという意味において、真相は絶対に究明する必要があります。それでもし、国際保健規則違反で追及しても中国が「絶対にわれわれは調査に協力しない」ということであれば、もう最後の手段しかありません。それは、世界の国々で協力して、中国から入国する人に関しては、もう全員に2週間の隔離検疫を強制義務化するということです。この取り決めに協力しない国があれば、その国経由でウイルスが入ってくる可能性もありますので、協定に参加しない国からの渡航者にも全員、隔離検疫を義務化する。かつ、中国とそれらの国々からの貨物に関しても、もう徹底消毒を義務化する。これにかかるコストに関しては、関税としてかける。そうすれば中国の国際競争力もなくなります。

石　それはかなり有効な手段です。実施すれば中国が悲鳴をあげますよ。

掛谷　中国が新型コロナウイルスの起源調査に協力しない以上は、次のパンデミックを防ぐことができません。ですから調査に協力しないのであれば、徹底した防疫とクォアランティーン（隔離・検疫）をしますよ、と世界中の国々で圧力をかけていく。〝調査か、あるいは、徹底した検疫か、どちらかを選べ〟というやり方をするのがいいんじゃないかと考えているのですが。

石　中国から出る人への隔離や貨物への徹底した検疫が必要ですね。思えば２００２年から２００３年に発生したＳＡＲＳは、香港や台湾にも害を及ぼしましたが、中国国内でほぼとどまり、世界的にはそれほど大きな被害はありませんでした。当時と現在と、何が異なるのかというと、要するに当時から20年近く経った今、中国と世界全体の人的交流が極端に増えたのです。

掛谷　はい。

石　例えば、２００２年頃の中国には、海外に旅行する人間は少なかった。ビジネスマンや留学生ぐらいで、海外旅行は一般的なブームではありませんでした。現在では海外旅行がブームで、コロナ禍以前は日本にも山ほど中国人が来ていました。もっと言えば、文化大革命の時代（１９６６～１９７６年）には、中国国内でどんな疫病が流行っても、世界にはほとんど関係はありませんでした。当時は人的交流もほとんどありませんでしたからね（笑）。

掛谷　そうですね（笑）。

石　ですから、疫病に関してあくまでも情報公開をしないというような調査を拒む体質で中国が行動するならば、国際社会が究極的に考えなければならないもう一つの問題は、〝みんなの安全を守るためには、果たして中国との人的交流をこのまま続けてもいいのか？〟ということになります。

それは決して中国人差別とか、そういった意味ではなく、要するに中国政府が今回の件に対する原因追及に非協力的であれば、SARSが1回目、新型コロナウイルスが2回目、じゃあ、3回目は何が起こるのか、という話なんです。それはまったく予測できません。場合によっては、今回のウイルスよりも被害が大きなことが起こる可能性もある。要するに、反省の色の一つも示していない、お詫びの一つもないという中国政府の無責任な態度からすれば、3回目もありうるわけです。3回目になると、世界中の人々がどんなにひどい目に遭うのかわからない。

掛谷　そうですよね。

石　中国の態度によっては、究極的な言い方をすれば、中国という国と今後、われわれはどうつき合っていくべきかという根本的な問題にたどり着くんですわな。

掛谷　繰り返しになりますが、先ほど石平先生がおっしゃった〝民主主義の弱み〟の話で、私は〝民主主義の弱み〟ではなく、〝民主主義社会の中にある権威主義が残っているところ〟も中国に衝かれているような気がするんですよ。

石　あー、なるほど。それはありますね。

掛谷　要するに、中国との危険な共同研究のためにお金まで流していたファウチや、例えば日本の政治家で言えば二階さんなど、権威があり、しかも中国が優遇したり、お金を配ったりすれば言うことを聞いてくれて、ウインウインの関係になれる人間や団体を中国はうまく掴むんですよ。

石　なるほど、民主主義が貫徹されていないところの弱点もありますね。

掛谷　ファウチっていうのは、あれだけむちゃくちゃなことをしているのに、なぜいまだに批判されないのかというと、いわゆる生物研究というのはＮＩＨからお金を貰わないとできないからなんです。

われわれ理工系だと企業などからもお金を貰えて研究ができるんですけれど、彼らはだいたい国の予算に頼っています。ファウチはＮＩＨのＮＩＡＩＤ（National Institute of Allergy and Infectious Diseases＝国立アレルギー・感染症研究所）の所長の座にもう40年近くも君臨して、そこがお金を配る権力を持ち続けています。

本当は、組織として上位であるＮＩＨのトップに上がるという話もあったんですけれど、そこまで高い地位に行くと長く居座ることができない。だから上には上がらずに、彼はあそこのポジションで約40年、権力を握り続けているんです。

これって、どちらかというと中国に近いようなシステムじゃないですか？

石　（爆笑）。

掛谷　日本であれば、官僚が同じ機構の中で40年近くトップにいる、同じポジションでいるなんてありえないですよね。だからアメリカという民主主義の中にあるその全体主義的な部分というのを、中国は上手く利用している。

民主主義国の中にある全体主義的なところを上手く衝いて、中国はうまく民主主義国をコントロールしようとしていると思うんですよね。

だから逆に言うと、そうでないものはコントロールできないというのが、今回のそのＤＲＡＳＴＩＣなどなんです。

石　民主主義の中の全体主義、非常に重要なご指摘ですね。
掛谷　私が参加しているParis Groupもそうですが、世界中のいろいろな国の人が集まって、インターネットで情報交換して、さまざまな事実を掴んでいったんですね。そういうものは（中国は）コントロールできないわけですよ。みんながそれぞれ、自由にやっているようなものは。
ジル・デマニュフは、『あさチャン！』で、「無報酬なのに、なぜ自分のプライベートの時間を削って調査をするのか？」と問われ、「すべき事と逆の事をする科学者を目にしたとき、行動を起こさないといけないと思いました」と答えています。
まさに、そのとおりなのです。
石　なるほど、自由人としての本物の科学者は、中国共産党も手に負《お》えないんですね。
掛谷　なので、われわれが中国に対抗するためには、逆に民主主義を徹底することなのです。このことが実は中国に対する強力な予防策になるわけです。
石　おっしゃるとおりです。
掛谷　今回まさに、インターネット技術を使い、世界中で有志が集まって情報交換することで、中国が隠していたものを次から次へと暴いたという事実があります。

ですから、中国に利用される可能性の高い、民主主義国の中にある全体主義の芽をいかに摘むかということが、われわれにとって非常に大事だなと思いますね。

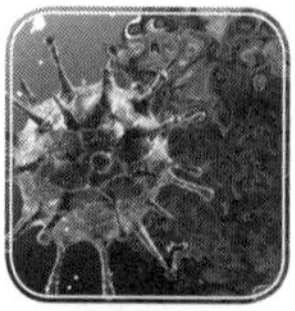

波乱の世界情勢を生き抜いていくためには臨機応変に行動できるリーダーたちが必要

石　もう一つ言わせていただきますと、昨年の1月下旬に武漢でのコロナウイルス感染拡大が明るみに出て、武漢もロックダウンされたでしょう。しかし、それに対しての日本政府の動きはやはり鈍かったんですよ。

掛谷　まったく同感です。

石　台湾は（語気を強めて）迅速にね、すぐに中国からの人の流入を一切止めたんですよ。しかし、当時、日本は安倍政権でしたが、安倍政権はなかなかね、完全な入国制限に踏み切れなかった。最初の段階では武漢からの人でなければそれでいいとかね。「じゃあ、お前、どうやって判断するのか」と。

コロナウイルスの感染が拡大していった段階でも、依然として中国人観光客を入国させていました。最初は自己申告で〝自分はコロナにかかっていない〟と言えば、それでOKでした。これが結果的に、日本国内の大きな感染拡大に繋がったのです。

まぁ安倍元首相に聞かないと本当のところはわからない話ですが、恐らく当時の安倍政権がなかなか強い措置に踏み切れなかった理由の一つが、2020年春に予定していた習近平の国賓としての来日です。

掛谷　そうですね。

石　2020年の4月に習近平が訪日する予定でした。だから日本政府はこの年の2月、3月の段階では中国からの人の流入を完全に止める措置を取らなかったのです。中国に対する配慮か、政治的判断だったのだと思います。

当時は私や大作家の百田尚樹さんやノンフィクション作家の門田隆将さんなどもすごく怒って、毎日ツイッターでね、政府に〝中国からの人流を即時止めよ〟と呼びかけたんです。しかし、日本政府は一切応じなかった。まあ最後は、アメリカを始めとする諸外国が中国からの渡航を禁止したあとで、渋々やったんですけれども。

掛谷　そうでしたね。

石　しかし、あの数カ月、1月、2月、3月に水際対策をしなかったことが原因で日本国内で感染が大きく広がりました。ちなみにね、私が最初に〝武漢が大変なことになっているよ〟と自分のツイッターで発信したのがいつだったかというと、調べたら2020年の1月8日でした。

掛谷　はい。

石　1月8日、私はネット上ですでに異変を感じて、「武漢には行かないほうがいいよ」とツイートしていました。そういった意味ではね、先ほどの掛谷さんの話も踏まえてですよ、やっぱり、コロナウイルスがわれわれの社会に、いろいろな意味で問題提起をしてくれました。どうやって、われわれはより強い国家と社会をつくっていくかということを、どのように体質の異なる国家である中国と対峙していくかということを、われわれは考えていかなくてはならない。

掛谷　今、石平先生がお話しになった習近平の来日の件だけでなく、オリンピックが控えていたという事情もあったとは思いますが、日本は、いわゆる国境封鎖と言いますか、水際対策がすごく甘いんですよね。

石　そのとおりです。

掛谷　2020年も、少しコロナの状況が改善すると、10月以降海外からの入国制限を緩和し、2021年もオリンピックが終わった後、また入国者数の上限を緩和しています。日本政府は、グローバリゼーションとか人の流れを国際的に広げるということに関しては、無条件に絶対善と考えているフシがありますね。

石　おっしゃるとおりです。

掛谷　私が非常に不思議だと思うのは、お医者さんたちで「ロックダウンしろ！」と主張し続けている人たちがいますよね。

西浦博さんなんかは、「オリンピックもやめろ！　ロックダウンしろ！」と言い続けています。それなのに、日本政府の水際対策がガバガバなことに対しては、ほとんど批判はしていないんですよ。彼らは、外国から来る人に対してはすごく甘いのに、日本国民に対してはものすごく厳しいんですよね。

石　その神経は理解できませんね。

掛谷　医者も含め、日本のエリートは、自国民に対して非常に冷たいけれども、外国人に対してはヘコヘコする。これは第一章でも言いましたが、エリートって権威に極端に弱い。エリートはこれまで、受験勉強で正解をそのまま覚えたら合格するとか、そういった生き方をしてきているので、権威への服従が絶対なんです。医師の中にはファウチが正しいと信じている人が現在でも山ほどいます。日本の民主主義でありながら、民主主義でないところというのは、実はそういったエリートが支配している部分で、中国はそこを狙うんです。

『ネイチャー』とか『ランセット』とか、学術雑誌として世界的に有名な雑誌がありますが、そこも中国マネーにやられてしまっていて、現在では、中国の言いなりのようなことばかりを書いているんですよ。

石　しかしそれは逆に、それらの学術誌の信用失墜を招くのではないですか。

掛谷　本来ならばおっしゃるとおりです。しかし、『ネイチャー』がそれほど堕落しているにもかかわらず、エリートたちはいまだにありがたがっていますし、誰が考えても水際対策が必要だという時にさえ、グローバリゼーションは正しいと考える。危機的な状況に陥っても、惰性のまま突っ切っちゃうんですね。「フェーズが変わったんだから、ここは違う考え方をしないといけない」ということができないんです。

いわゆるお勉強ばかりしてきたエリートの弱さは、今回のような本当の危機の際に、ものすごくはっきりと出るんだなと私は思います。

２０２０年の1月、2月に国境をすぐに封鎖できなかったのも、これまでグローバリゼーションが正しかったんだから、今も国境封鎖なんてありえない、みたいな考えなんでしょうね（笑）。

石　本当にイデオロギーは人を殺すわな。凝《こ》り固まったイデオロギーほど、タチの悪いものはありません。

掛谷　おっしゃるとおりです。彼らは受験勉強ではいつも過去問の対策ばかりしていて、これまでと変わった問題が出題されると、まったく対応できないんですよね。ですから私は、日本の将来を考えると、大学入試はまったく予想ができない問題が、毎年出るようにしなければいけないのでは、と考えます。

石　なるほど、覚えた知識だけでは答えられないような、予想外の問題を出すべきですね。

掛谷　想像もしないような危機に日本が対応できるようになるためには、いざというときに、判断をパッと変えることができるような人材が、社会の中心にならないといけないのではと思います。

本当の意味で社会の中心に立つような人物になるためには、お勉強をするよりもスポーツをするほうがいいと私は思っています。スポーツは、お互いに相手に対していろいろな奇襲を仕掛けるじゃないですか。相手が考えもしないような作戦を立てないと勝てない。

ですから、今までのような お勉強よりも、その瞬間、瞬間、新しい作戦を考えられるようなことを、教育に入れていく必要があると思います。そうでないと、社会で臨機応変に対応しなくてはならないときに対応できるリーダーが育たないのでは、と私は考えます。

石　これは冗談半分の話ですが、私は今年で59歳です。私が59歳まで社会の中で生きてきた知恵の多くは、実は10代で培われています。山村育ちで標準的なワルだった私は同じ悪ガキの連中と合戦ごっこをやったりして過ごしました。結局、今から考えると、その頃の遊びから学んだ知恵が、ずっと人生の中で活きているんです。

掛谷　合戦などをするときには、相手をうまく欺《あざむ》いたりしないといけませんからね。

石　そうそうそうそう！　相手の弱点をどうやって衝くとか、こっちの大将をどうやって立てようとか、新しい作戦をどう立てるとかと、いろいろと頭をひねっていましたよ。それは結局、成人した後の生きる知恵になるのです。

掛谷　そういった本当の意味での頭の良さがないと、結局、新型コロナウイルスのような真の危機は乗り越えられないのではないかと。今回、すごく考えました。

石　いや、面白い話になりました。コロナからまさか、幼少期の想い出話にまでたどり着くとは考えもしませんでした。

掛谷　そういう意味では、新型コロナウイルスの起源追究も、何か奇襲作戦を使ってできる方法があるといいですね。

石　なるほど、対習近平には奇襲作戦が必要です。

第六章
結党101年目の中国共産党が向かう先と自由世界

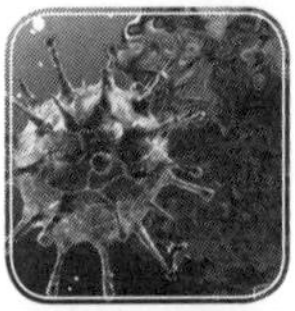

アフガニスタンは中国にくれてやれ。アメリカの選択は正しい。

石　2021年7月26日に王毅外相がアメリカのシャーマン国防副長官と会談した2日後の7月28日に、同じ天津の同じ建物で、彼はタリバンの最高幹部の一人・アブドゥル・ガニ・バラダルと会談しました。しかも発表された写真を見ると、シャーマンと会談した部屋と同じ部屋で行っています。

要するに、彼はこのとき「アメリカの対アフガニスタン政策の失敗を批判し、タリバンとの融和姿勢を打ち出した」わけですが、同じ場所で行ったというのは、アメリカと自由世界に対して脅しをかけているのです。要するに、「もしわれわれの要求どおりにしてくれなかったら、われわれの体制を転覆させるつもりなら、われわれはテロ組織でも何でも手を組むよ」と。「アメリカを徹底的に破壊するよ」と。

掛谷　なるほど。

石　しかもあの会談が異常なのは、中国の外務大臣がタリバンの幹部と会談するということは、普通は考えられない話なんです。現在はタリバンがアフガニスタンを制圧していますが、この会談当時は、タリバンはアフガニスタンの中の反政府勢力でしょ。本来ならば、外務大臣が会談する相手ではありません。実は、中国共産党には対外連絡部という部署があり、通常ならば、例えば日本の公明党などと会談するときはたいてい、ここがフォローするのです。そういった使い分けをこれまでやってきました。

それなのに中国は王毅外相とテロ組織の幹部との会談をなりふり構わずに行った。この会談にはさすがに私も驚きました。なぜこのような会談を行ったのかというと、中国が現在、孤立化を強め、危機感を抱いているからです。自分たちの体制が転覆させられるのではないか、という強い被害妄想にも取り憑かれているという印象を私は抱きました。しかしながら、この会談により、中国と一般の国際社会との亀裂はますます広がったと感じています。

掛谷　アメリカ合衆国の政治学者サミュエル・P・ハンティントン（故人）の『文明の衝突』（原書発売は1996年）（サミュエル・P・ハンティントン著、鈴木主税翻訳・集英社）には慧眼《けいがん》なことが書かれています。同じアメリカの政治学者のフランシス・ヨシヒロ・フクヤマが1992年に『歴史の終わり』（新版・上下が三笠書房から発売）で、冷戦終結により世界が平和になると言った時に、ハンティントンが21世紀は文明の衝突になると言いました。

世界は主要なところで西洋文明、中華文明、イスラム文明、ほかにも東方正教会文明やラテンアメリカ文明などに分かれていて、日本は日本で別として孤立していると彼は見立てています。彼が凄いのは、これからはその文明同士の摩擦の時代になると予測したことです。

その後まもなく、2001年に同時多発テロが起きました。これはまさに西洋文明とイスラム文明の衝突を象徴する出来事でした。しかしながら、ほかにもプレイヤーはたくさんいます。そのなかで、やはり中国からしてみれば、西洋文明がイスラム文明とケンカをしてもらっている状態は非常によかったわけです。その合間に自国を強大にすることに成功した。

石　おっしゃるとおりです。

掛谷　しかしながら、西洋文明の大国・アメリカは、イスラム圏から徐々に手を引こうとしている。現在、中国がアメリカにとって一番の脅威であることは間違いありませんので、アメリカはイスラムよりも中国と対峙しようと行動を起こした。

そこで中国は、もう一度イスラム文明に騒いでもらい、アメリカを二正面作戦に向かわせたほうが、自分たちの戦いが有利になると考えていたのでしょう。

やはり、こういうことを考えるというのは、習近平は頭は悪いかもしれませんが、したたかだなと思います。

石　しかしね、イスラム文明と手を組むのはいいけれども、問題は、その組む相手が悪すぎたということなんですよ。

掛谷　（大笑い）。

石　よりによってタリバンと組むのです。中国共産党はもともと手段を選ばないマフィアのような組織ですが、さすがに今回は大きな誤算なんですよ。世界中からほぼテロ組織だと認定されるような、そういうところと組めば、いずれイスラム世界からも嫌われるんじゃないかと思います。さらに、中国がイスラムを使ってアメリカと対立すれば、ますます西側世界から敵対視される。タリバンと組もうとしたのは、むしろ逆に中国の誤算となり、本当は彼らにとって、諸刃《もろは》の剣《つるぎ》だったと思います。

掛谷　その後、世界中がまったく予想もしないスピードで、8月15日に、タリバンはアフガニステンの首都・カブールを制圧しました。また、米軍の撤退目前に、「イスラム国」

の支部組織がカブールの国際空港で自爆テロを起こしました。私はアフガン問題をアメリカの保守派がどう捉えているのか気になり、ベン・シャピーロやマイケル・ノウルズなどのコメントを確認しました。

石　それは注目すべきところですね。

掛谷　バイデン大統領は、カブール空港爆破テロで死亡した米兵の遺体帰還の式典で、早く帰りたそうに時計を何度か見ていたことについて、激しく批判されていました。ただ、一部の保守派はめちゃくちゃ批判していたんですけれども、アメリカのメディアはＦＯＸを除けばすべてが左なので、それほど話題にはなってはいません。

石　そうなんですか。

掛谷　ベン・シャピーロは「もしトランプがバイデンと同じ行動をとっていたら、メディアは大騒ぎして叩いていたはずなのに、バイデンだから全然叩かれない」と話しています。

またホワイトハウスの報道官ジェン・サキはバイデンの作戦について追及されても、質問をうまくはぐらかせていました。バイデン側ははぐらかし戦法で、かつ、マスコミもトランプのときのような追及をまったくしません。しかし現在、アメリカは保守派を中心にストレスが溜まっている状況で、中道派でも不満を持つ人が増えています。このままいくと、2022年の中間選挙で共和党が大きく勝つような流れになる可能性があります。

石　世論調査の結果では、アメリカ国民の半数以上が、バイデンの失政だと言っているようですが。

掛谷　はい、おっしゃるとおりです。バイデンはもう少し用意周到にすべきだったと私も思います。トランプがやればどうだったのかはわかりません。民主党は「アフガンからの撤退を決めたのはトランプだから」と、またトランプの責任にしようとしています。

しかし私は、「共和党だったらもう少しうまくやっていたのではないか」と思っています。実際、軍人が「この作戦は、ちょっとおかしいんじゃないか」と批判して更迭《こうてつ》されたりもしています。

いかにも民主党的な話なんですが、本来は軍人というのは自分の命をかけて仕事をしているのに、最近、米国海軍の推薦図書に、「資本主義はレイシストだ、米国はレイシストだ」と書かれている極左言論人イブラム・ケンディの本が含まれていることが明らかになりました。軍を強くするためのダイバシティー（多様性）ならいいんですけれども、民主党になると、イデオロギーのためのダイバシティーになってしまう。ですから、そんなことをやっているうちに、本当に命の駆け引きをしなくてはならないところで、こんな大失態を犯してしまった。これまでもわかっていた人はいましたが、こういう事態になって、いかにアメリカの民主党が無能かということが、アメリカ国民により広く知れ渡ってしまいました。

石　なるほど。確かにバイデンの撤退のやり方がヘタクソで大混乱を起こしました。しかし、アメリカがアフガニスタンから撤退するという戦略的決断をしたのは、そもそもバイデンの考えではなく、トランプの時代からすでに進んでいたことです。バイデンは大失敗しましたが、アフガニスタンから撤退というのは、戦略的には悪くないと思いますよ。

掛谷　私も同感です。

石　アメリカの力が、アフガニスタンだけに縛《しば》られるのはもったいないのです。アフガニスタンは中国にくれてやってもかまいません。要するに中国にとってもアフガニスタンは、〝一帯一路構想〟に取り込めば何らかの意味はありますし、西側に対抗するカードに使うつもりでしょう。しかしわれわれにとって、中国の脅威は主に海に向かっての拡張であって、南シナ海や東シナ海、特に台湾に対する中国の軍事的脅威は深刻な問題ですが、中央アジアで中国がタリバンと手を組んで何かをやろうとしても、それほど大きな問題ではありません。

そのことを考え、アメリカはアフガニスタンの泥沼戦争から足を抜いて、その力を中国に向け、海からの中国の封じ込めを行う。これは非常に賢明な考えですよ。

掛谷　おっしゃるとおりです。

石　タリバンがアフガニスタンを制圧したことで、マスコミはみんな大騒ぎしていますが、しかし、それと同時に、日本周辺の海で何が起こっているかというと、日米豪英の海軍が集まってきて、軍事訓練を一緒にやっているんですよ。自由世界対中国の戦いの主戦場は、まさに海であって、インド太平洋地域なんです。そういった意味では、長期的に見て、アフガニスタンからのアメリカの撤退は正しいと思いますよ。

掛谷　私も正しいと思います。

石　ただし、アメリカにとってまずいのは、タリバンが政権を獲った今後、中国がタリバンをうまく使えるようになる可能性があることです。タリバンを利用してアメリカを中心とする自由世界に圧力をかける。「タリバンを押さえつけられるのはわれわれだけだよ。われわれの話を聞かなければ、タリバンを暴れさせるよ」と。

掛谷　北朝鮮と同じですね。

石　はい。要するに、北朝鮮問題で中国がとってきた方法がこれですよ。常にアメリカに対して「金正恩を押さえつけられるのは、あるいは昔の金日成、金正日を押さえつけられるのは中国だけだよ」と。そのために世界中が北朝鮮問題で中国に配慮することになった。

しかしですよ、タリバンはタリバンで、果たしてどこまで中国一辺倒になるのか、それはわかりません。

掛谷　はい。

石　それは、中国国内のウイグル人問題とも関連してきます。あるいはタリバンは、中国と手を組みながらアメリカにも接近していくこともありうるのです。実際、アメリカのCIA長官もすでにタリバンと接触しているという話もある。今後、「イスラム国」が、タリバンの中でテロ行為を行うと、それに対抗することで、アメリカとタリバンが手を組む可能性もないわけではありません。

だから今後は、必ずしも中国の思惑どおりにはならない可能性がある。

掛谷　そうですね。

石　今回の出来事は、全体を俯瞰して見れば、「アメリカが内陸部から手を引いて、日本と一緒に海から中国包囲網を構築することになった」という点が非常に重要だと思います。

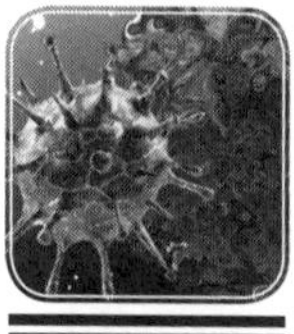

タリバンの後ろ盾になることは中国にはマイナスばかり！

掛谷　私は先ほど『文明の衝突』の話をしましたが、異なる文明が同じ価値観を共有するということはありえません。当然、中国とタリバンも価値観が違うので、利害が共通するときは一緒にやると思いますが、そうでないときは協力できないというのは、間違いありません。タリバンがアフガニスタンを制圧したことにより、「これで中国は非常に有利になった」という言い方をする人もいますが、必ずしもそうではないと私は考えています。

一方で、タリバンというのはいわゆるアメリカの左翼が掲げる理想と正反対の考え方じゃないですか。ですから、タリバンが暴れてくれるのは、アメリカの中の左翼封じ込めのために、逆説的にいいことなのではないかと私は思っています。

石　なるほど、それは面白い視点ですね。

掛谷　アメリカの左翼は、日本の左翼も同じですが、「話せばわかる。多様性が大事だ」と言います。ところが「多様性が大事、トレランス（寛容）が大事」だと、多様性がないものに寛容になると、社会自体が多様ではなくなるという逆説があるのです。

タリバンが暴れれば暴れるほど、アメリカの中で「多様性が大事」と言っていても、イスラムの一部ではあんなひどいことをしているのだから、それを認めるわけにはいかない。多様性だけじゃダメだよね、ということになる。「柱になる価値観が必要だよね」という意見が強くなる。その方向に向かえば、ある種、アメリカのリベラルの行き過ぎに対する揺り戻しになる可能性もある。そういう目で見ると、タリバンがアフガニスタンで暴れるというのは、逆説的には自由主義国アメリカにとっての反面教師としてわかりやすい例になって、これはアメリカにとってもいいことなのかなという気もします。

石 掛谷さんのお話に付言させていただくと、タリバンは極端なイスラム原理主義で、これから西側の価値観と正反対のことをどんどんやると思います。例えば女性差別。タリバンの場合は〝差別〟というよりもう〝女性いじめ〟です。

そういうことを行うと、ますますタリバンの異質性が露呈してしまいます。しかし、恐らく中国は今後、ずっとタリバンのバックにいます。常にタリバンをかばう発言をします。そうなると、中国はますます西側との異質性が際立ってしまう。中国自身の異質性が露呈し、要するに、西側との溝がますます深まる。

西側が気がついたときには、〝ならず者国家〟、とんでもない国家の後ろ盾はすべて中国ということになる。イランにしてもタリバンにしても、北朝鮮にしても。そうなるとですよ、現在の自由世界対中国の冷戦の構造が、より明確になってしまいます。タリバンの異質性をかばうと、ＥＵ諸国も、中国との亀裂を深めてきます。タリバンを手に入れてカードとして使い、西側を困らせることはしょせん、浅いところの「小知恵」です。しかし長期的に見れば、ならず者国家と手を組むことで、中国は世界の中でますます孤立化していきます。

掛谷　私も同じ考えです。

石　さらに、これから習近平たちが一番苦しむのはタリバンからお金をせびられることです。タリバンは政権を獲ってから経済運営をちゃんとやる気は絶対にないと思います。だから、お金がなくなれば、習近平のところに「金出せよ」と来る（笑）。

掛谷　（爆笑）。

石　しかもね、腰を低くして頼むという姿勢じゃない。北京で堂々と、「おい、お前、金出せよ。出さないと俺たち、暴れるぞ。お前たち、困るよ」と（笑）。

習近平はこれから大変ですよ。いくらお金を突っ込んでも、もう底なしです。タリバンは北朝鮮がやってきたことと同じことをやる。日本の昔の政治家は、選挙になると対立する両方の派閥からお金を取っていました。場合によっては3つの派閥からお金を取っていた。そんな話がありますが、タリバンは、これからアメリカから取れば、中国からも取る。そういうことになるんじゃありませんか?

ただ、アメリカは一時的な損失を覚悟のうえで、長期的に見れば、タリバンから手を引いたほうがいいと思います。そうすれば、これから中国だけがタリバンに手を焼くんですよ。

掛谷 私は石平先生がおっしゃられた「異質性が際立つ」という言葉が、これからの世界のキーワードになると思います。グローバリゼーションというのは、世界中の人々が文化や政治体制が違っていても、基本的に同じ人間だからわかり合えるということです。このことが左翼思想の根本にもあるのですが、タリバンなどの異質性が際立つような例が出れば出るほど、グローバリゼーションをみんなが信じなくなります。

石 そのとおりです。

掛谷 グローバリゼーションのある種の過ちや誤謬《ごびゅう》を示す意味でも、こういった異質性が際立つ出来事が起こるのは、必ずしも悪いことばかりではないと思っています。

石 だからまあ、そういう意味では習近平もタリバンもどんどんやってくれ、そういう感じだな（笑）。

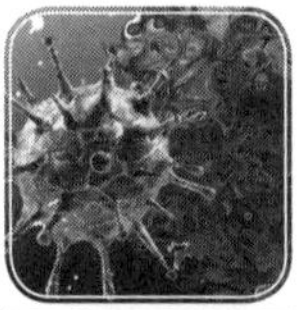

現在の中国では「習近平版・文化大革命」が進行中だ！

石　異質性という意味では、現在の中国では「習近平版・文化大革命」とでも呼ぶべき出来事が起こっています。

8月29日に、ソーシャルメディアの微信《ウェイシン》で「李光満《りこうまん》」の名前で文筆活動をしている人物が自分のブログ「李光満氷点時評」に「現在、中国では革命が起きている最中だ」と書いたんですよ。この人はまったく有名でもないし、一ジャーナリストが個人ブログに書くのは、本来ならばどんな論点でも彼の勝手なのですが、問題は同じ日に、共産党機関紙の『人民日報』や国営『新華社通信』、中央軍事委員会機関紙の『解放軍報』、『CCTV』、『中国青年報』、『中国新聞社』など主要の共産党メディアがそれぞれの公式サイトで、李氏という一個人のブログ文章を一斉に転載したということです。

これは前代未聞の話です。ご承知のように、これらの政府系メディアに一斉に掲載されるのは、当然、上からの指示です。しかも、この指示が中国共産党宣伝部から出されたかというと、実は宣伝部でもここまではできない。現在、中国の体制の中でこれだけのことができるのは、最高指導部の誰か、習近平か、習近平に近い人間だけです。

掛谷　はい。

石　これは実に異例なことだから、非常に注目すべき話となる。では、この文章には何が書いてあるのか？　例えば「中国では大きな変化が起きている。この大きな変化は、経済領域から金融、文化、政治領域とあらゆる領域で起きている。それは革命と言うべきであって、資本集団からの人民群衆への回帰であって、資本中心から人民中心への回帰であって、政治的変革であって、人民を中心とするこの革命を阻止する者は全部切り捨てられてしまう。中国共産党の初心への回帰であり、社会主義の本質への回帰であり――」と書かれている。

これは、若い人は読んでも何の意味だかわからないかもしれませんが、現在50代以上の中国人なら、誰が読んでも、昔の「文化大革命」そのものだと理解できる。要するに、毛沢東が死去してから鄧小平がやってきたことは全部資本主義だ。共産党の初心を忘れた、社会主義の原点を忘れた。だから鄧小平以前の毛沢東時代に回帰しなければならない。しかも彼は「回帰すべき」と書いているわけではなく、現在回帰している最中で、要するに、革命が起きている最中だと言っているのです。

掛谷　なるほど。

石　この文章を、『人民日報』や『新華社通信』などが転載したということは、習近平指導部が彼の書いていることを認めたということなんです。あるいは彼の口を借りて、「現在、中国で革命が起きているよ。この革命とは、要するに鄧小平の時代が始まって以来、数十年間続いてきた改革開放政策、資本主義路線をもう止めて、以前の文化大革命の時代に戻るよ」と言っているんです。

この文章が政府系のメディアに転載されたことで、最近、一連の出来事の意味がわかってきます。例えば習近平は、「共同富裕」というスローガンを打ち出して、高収入層を標的に収奪《しゅうだつ》を始めています。それと同時に芸能人が、何か落ち度があれば、罰金だけでなく完全に抹殺されています。芸能界の粛清《しゅくせい》です。みなさんはご存知ではないかもしれませんが、実は毛沢東の文化大革命もまさに文化、芸能の領域から始めたんですよ。だから〝文化〟大革命というんです。

掛谷　なるほど。

石　文化大革命は最初、文化の革命から始まりました。やっているうちにだんだん政治粛清になっていった。今回も同じです。

最近またどんなことが起きているかといいますと、パスポートが徐々に制限されています。コロナを口実にして、もう新しいパスポートは発行されません。そして共産党政府は個人の預金にまで目をつけ始めています。最近、中国の中央銀行が「預金が10万元を超えた個人口座に関しては、所有者が、そのお金がどこから来たのか、銀行に報告しなければならない」という通達を出しました。10万元は日本円にして170万円。中国では、そんな大金じゃない。中産階級はみんな10万元ぐらい持っている。それだけの金額なのに、それが給与から来たのか、何から来たのか、いちいち示さなければならない。しかも、引き出すときも、銀行に報告する義務がある。「お前、何のために使うのか？」と追及される。

日本のような法治社会ではありえない話ですが、現在の中国では実際に行われている。もはや大企業いじめや金持ちいじめだけの話ではない。一般中産階級もいじめられている。もちろん、どこの国でも収入に対して税務調査を行う場合はある。しかし、税を払って残った自分の口座に預金しているお金が政府によって管理されることはない。それが中国で起こっている。自分の預金を自由に引き出すことすら、徐々にできなくなる。何に使うのかを報告して、「お前、この使い方はおかしい」と言われたら、もう引き出せない。
この数十年間続いた改革開放政策以来の中国は、もう急速に消えつつある。最初は人々はこうした変化の意味がわからなかった。ただ、いろいろな方面でとんでもないことが起こっていたことしかわからなかった。最後、この文章が出されたことで、みんなが初めて理解した。

掛谷　驚きですね。

石　ちなみに毛沢東の文化大革命は、最初は壁新聞から始めた。当時はまだインターネットもありませんでした。誰かが壁新聞に、「けしからん。今は革命をせなならん」と書いた。それが『人民日報』に転載されたら、文化大革命が始まった。今回もまさに同じ展開です。

掛谷　なぜ、そのようなことが起こっているのでしょうか？

石　現在、中国がタリバンとかイランなどと手を組んで自由世界と対抗しています。その一方、国内においても、習近平独裁はもちろんのこと、彼の個人独裁の終身化も図っています。要するに完全に毛沢東の時代に戻ろうとしているんです。
政治の面では、毛沢東の時代は個人独裁であって、指導者の終身制があった。毛沢東らには定年制がなく、死ぬまで権力の座にいた。それが現在、習近平政権で完全に復活しつつある。さらに文化大革命では毛沢東の神格化が行われていた。個人崇拝が強制されていた。あの頃、毛沢東語録が何十億冊も発行されていた。現在の中国では、習近平語録ももう出回っているんですよ。習近平を毛沢東のように、神様のように、教祖様のように崇《あが》めることが強制される。文化大革命は政治、経済、文化などすべての領域にわたって展開されていましたが、今の「習近平版・文化大革命」も同じです。政治の面では習近平の終身独裁化が進み、経済の面では民間企業いじめ、個人財産の収奪が始まっています。文化の面で最近問題にされているのは、例えば、芸能人たちのファンクラブです。彼らは何百万人、何十万人のファンを持っている。そんなファン文化を共産党は批判して、潰そうとしている。

毛沢東時代のような文化大革命になれば、ファン文化は「堕落した文化」として潰されていきます。それに取って代わって、国民全員が「習近平ファン」にさせられて習近平崇拝を強《し》いられるのです。習近平からすれば、自分以外の人間をアイドルとして崇拝するのは許せないのです。

これはもう本当に文化大革命そのものですよ。政権がそれを「文化大革命」と呼ぶかどうかは別として、「習近平革命」はもう確実に始まっています。金持ち、企業、知識人、芸能人……政権から見て気に入らないあらゆる人々は皆、革命の標的になっています。

ですから、中国社会全体は今、文化大革命の狂気の時代に戻りつつあるんですよ。

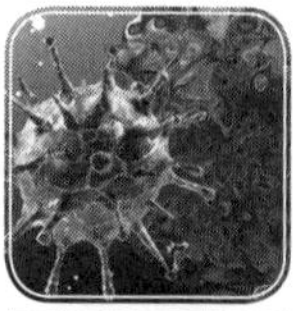

習近平は経済がマイナスになっても自分の体制維持を最優先に考えている

掛谷　ちょっと質問させていただいてよろしいですか。二つ、質問があります。一つが、中国がそんな状態になると、普通は人が外国に逃げますよね。現在はコロナで逃げにくい状況がありますから、やはり、このタイミングを見計らって、そういうことをやっているという面があるのか、ということです。もう一つは、「習近平版・文化大革命」が続けば、経済が落ち込んでくるのを彼はどう考えているのか、ということ。

石　まず、人が逃げることに関してですが、確かに、ここまでのことを強制すれば人は逃げます。しかし習近平政権は、あまり心配していません。人が逃げないようにするのは中国共産党にとって簡単なことです。要するに、出国できないようにすれば良いのです。

掛谷　（爆笑）。

石　だから先ほども掛谷さんが言われていたように、ちょうど今コロナですから、中国政府はこれを理由にして出国を止めています。そしてコロナが収まってからも政府が出国制限を完全に解除せずにして、それを恒例化してしまうこともありうるのです。中国は法治社会ではありませんから。

掛谷　なるほど。

石　先ほどもお話をしましたように、もう今は新しいパスポートは発行していません。すでに持っている人も、そう簡単には出国できない。留学はまだ認めていますし、一部ビジネスでの出国は認めています。しかし今後、中国共産党がその気になれば、人々が海外に逃げ出すのを止めることは、簡単にできます。

もう一つは、経済問題です。私の見ているところでは、どうやら現在の習近平政権は経済よりも政治が優先です。

先に滴滴出行の話をしました。これが一番典型的な例です。配車サービスの大手がニューヨーク市場に上場した直後に、中国政府がこの企業の商売を制限したり、取り調べを入れたりしてニューヨーク市場における株価を暴落させた。昔は経済が優先でしたから、稼いでくれる会社の株価が上がれば中国政府は万々歳でしたが、今はもう暴落してもかまわないと考えている。

あるいは、最近、習近平政権が、「学生が学校外で塾に通ってはいけない」との鶴の一声を発した。その命令一つにより、学習塾や補習校などの学校外教育事業が全滅した。話によると、1000万人ぐらい雇用されていた巨大産業なんです。習近平政権は政治的思惑から何かをやろうとする時、1000万人の産業を潰すことに関してなんとも思ってはいません。昔なら、ありえないことが起こっています。また最近、ゲーム産業も制限されました。

掛谷　はい、はい。

石　ゲームを極端に制限すれば、業界が衰退してゲーム関係で食べている人たちが失業してしまうのです。基本的に、習近平政権、特に習近平には恐らく、一つのはっきりとした考えがあるのです。要するに彼らからすれば、経済の繁栄は政権安定の前提条件ではないのです。必須条件でもありません。というのは、彼らの一つの大きな経験則は、毛沢東時代にあるんです。毛沢東時代においては、経済はめちゃくちゃでしたが、共産党の政権は至って安泰していたのです。

その時代、毛沢東の号令による紅衛兵の造反があっても、民衆が生活の苦しさで中国共産党政権に造反するようなことはいっさいなかったのです。だから共産党政権が安泰だったし、毛沢東は経済のことはどうでも良いと考えていた。

毛沢東の後を継いだ鄧小平の考えは違っていた。彼は「人民に腹いっぱい食べさせることこそ、政権を安泰にすることができる」と考えたから、改革開放路線を推進して中国経済を成長へと導いた。

しかし今の習近平は鄧小平とは正反対の考え方、「経済がそのまま発展して貧富の差が極端に開いたら、逆に政権が不安定になる」と思っている。だから習近平政権は、政権の安泰を図って毛沢東時代への回帰を進めているのです。そういう意味では、習近平政権は「経済」を中心に政策路線を考えていないのです。

掛谷　それは日本にとってすごくいいことではないですか。

石　悪いことではありません。

掛谷　中国がこれだけ軍拡ができたのは、経済がすごく伸びたから、その基盤を使って軍隊の近代化ができたからですよね。

石　だからね、最近、みんな言っています。「昔はアリババがあれほど巨大化して、いつか世界が飲み込まれるのではと心配していたところ、習近平がアリババいじめをやり出して、この不安をなくしてくれた」と。

掛谷　本当ですよ。

石　習近平が自らアリババを潰してくれるのです。

掛谷　中国がこのまま経済的に大きくなって、軍隊もどんどん大きくなったら、本当にもう、日本を守ることができないなと思っていました。しかし「習近平版・文化大革命」を続けていただけると、恐らく経済は縮小していきます。そうすると軍隊も、これ以上は強大化できませんので、日本としてみれば、非常にありがたいですよね。

石　しかもですよ。「共同富裕」というスローガンを出して金持ちたちに「お前たちの高い収入が不合理だから、それをなんとかしなければならない」と第三次分配という概念も打ち出しました。

掛谷　はい。

石　ご存知のように第一次分配というのは、企業が儲かり、個人が仕事をして収入を得ることです。しかしそれでは社会が成り立たないので、政府が税金を徴収して国民全体の福祉に当てるのが第二次分配。

習近平の言う第三次分配は、もうむちゃくちゃです。要するに、金持ちたちに「金を出せ！」と脅すのです。

掛谷　（笑）。

石　アリババは「共同富裕」のために1・7兆円も拠出することを約束しました。これだけの金額はアリババにとっても大金です。そして中国政府の下っ端の幹部は、「第三次分配」と聞けばみんな喜んでいますよ。

掛谷　なるほど。

石　最近、中国政府の下っ端の幹部は、賄賂《わいろ》を取るのがちょっと難しくなっています。しかし、「第三次分配をやる」という話になると、彼らはもうあらゆる手段を使って、地方の経営者、起業家、中小企業の金持ちから収奪することができるんですよ。

そうなりますと、徐々に、経営者、企業家たちは金を稼ぐ意欲を失ってしまうんですよ。金を稼ぐ意欲を失えば、市場経済は終わりです。市場経済が終われば、中国経済は沈没する。現在、習近平政権はこの方向に向かっています。だって、これから中国人は金を儲ける意味がなくなってしまう。10万元を持ったら、口座がいちいち政府に管理されてしまう。そうすると、もう金儲けはほどほどにして、お金はないほうがいいよ、という風潮になる。習近平は本気で中国の市場経済を潰そうとしている。

掛谷　なるほど。

石　それでなくても現在は中国の景気悪化が鮮明になり、中国はいくつか大きな問題を抱えています。一つは、債務問題。国内の民間企業にしても、地方政府にしても、とんでもない莫大な借金をみんな抱えている。例えば、最近、恒大集団という不動産中心の大企業がそろそろ破産するのではないか、という観測が出ています。同じような債務問題を抱えている企業はいっぱいありますので、この負債問題は、次々と爆発を起こしていく可能性が高い。

掛谷　はい。

石　もう一つが不動産バブルの崩壊。2021年の6月に、中国人民銀行共産党委員会のトップが明確に警告したんですよ。「不動産価格が永遠に下がらないことに賭けている人は、これからひどい目に遭うぞ」と。日本で言えば、日銀の総裁の立場ですよ。彼がそういう発言をしている。現在は、中国はまだ対外輸出で頑張っていますが、これが落ちてしまえば、中国経済は破綻《はたん》します。要するに、中国経済はいくつも時限爆弾を抱えていて、いつ爆発してもおかしくはないのです。

掛谷　そうですね。

石　先ほどからお話をしていますように、習近平は恐らく今後、経済を延命させる政策ではなく、逆に経済を潰す政策をますます多くやっていくようになるんです。

お金持から収奪する話に関しては、最近、不動産税を課す案が政府内で出ています。中国では、多くの人々は自分たちの住む家以外に、2軒、3軒の不動産を投資のつもりで持っています。中国の富裕層といえば、その財産の持ち方がかなり偏っていて、ほとんどが不動産なのです。高い不動産税を課すということになると、何軒もの不動産を持っている人たちはみんな売りに出す。そうすれば不動産価格は崩壊。中国経済の時限爆弾が爆発する。

習近平のこのやり方では、経済がますますダメになります。ただし社会統制を強めるのには有効です。ですから、今の習近平政権の考え方としては、経済が潰れても社会をきちんと束ねることができるならそれで良いのです。

掛谷 この情報を、先ほどの話と絡めて言いますと、タリバンがアメリカにおけるグローバリゼーション思考がダメだという考えを示してくれるのと同様に、習近平は、アメリカの共産主義者、例えばアレクサンドリア・オカシオ＝コルテスとかバーニー・サンダースなどに、共産主義がいかにダメかというのを示してくれることになります。アメリカの左翼にとっては、中国が反面教師を見せてくれているというか。

石 そうですね。習近平は本当にいろんな良いことをやってくれていますね（笑）。

掛谷　アメリカの保守派は、タリバンと習近平がむちゃくちゃやってくれて、大喜びになるんじゃないですか。

石　まったくそのとおりです。現在までのこの数十年間は、世界が鄧小平に騙されすぎました。彼に騙されて、あたかも中国共産党がもう友人、資本主義の仲間になってくれたと思ったんでしょ。でも、それは間違いでした。彼らはある日、突然変わるんですよ。だから今、ウォール街では中国株にみんなが慎重になっています。中国企業は政府の方針一つで株価が暴落し、ウォール街がどうにもならないのです。

現在、習近平が行っていることは、すべて鄧小平の正反対。鄧小平が中国経済を躍進させたわけです。はっきり言えば、中国を現在のようなバケモノにしたのは、まさに鄧小平なんですよ。しかし逆に言えば、鄧小平の正反対をやることは、すべてが中国の弱体化につながるのです。

掛谷　おっしゃるとおりです。

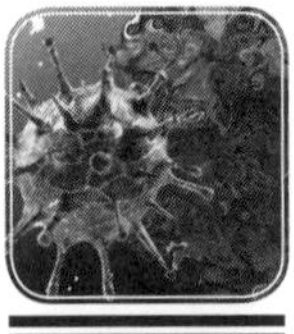

習近平の「文化大革命」が中国経済を窮地に陥れ、自由世界を救う！

石　自由世界にとって、毛沢東時代はむしろ良かったのです。彼が政権のトップだった27年間、国内ではめちゃくちゃの政策をやって、経済が崩壊する寸前となり、対外侵略の軍事力もなかったのです。

　鄧小平の時代になって経済が成長して国力が増大すると、中国は自由世界にとっての最大の脅威になった。それなのに、習近平は、何かが取り憑いているのか、天命が閃《ひらめ》いたのか、よほどの大馬鹿なのかはわかりませんが、本気で鄧小平路線と決別して毛沢東路線に戻ろうとしています。われわれの自由世界にとって、これほど都合の良い大馬鹿はほかにいないのではないか。

掛谷　私は江沢民政権とか胡錦濤政権があと10年続いたら、もう自由主義国はやられてしまうと本当に、考えていたんですが、習近平は自由主義国にとっての救世主ですね。

石　救世主です。しかも、明確に自由主義に対して挑戦的な態度に出ています。彼が内政と外交の両面において自由世界と敵対する姿勢を明確に示したことは、われわれにとってはむしろ良いわけです。

掛谷　アメリカでは今、やはり中国は危ない国なので、だんだん疎遠《そえん》にしていかなければならないという世論がけっこうあります。それは共和党だけではなく、民主党側にもあります。

しかし日本の企業などの中には、石平先生がおっしゃったような中国の方向性に、まだ気がついていない人が多いように見えるんです。いまだに中国に投資すると言っている企業がありますよね。

石　しかし、一般国民はかなりわかっています。現在のどの世論調査をとっても、80％以上の日本国民が、中国に対してマイナスのイメージしか持っていません。好感を抱いていない。

結局、財界と知識界は中国の異質性を理解していない。財界は利益に囚《とら》われて、知識界はイデオロギーに囚われています。とにかく日本の知識界、特に文化系の大半は中国が好きですね。共産主義が好きで、日本よりも中国共産党のほうに親近感があるんですよ。

掛谷　生命科学者にもそんなタイプの人が多いんですよ（笑）。理工系は少ないんですが。

だから私は「その違いは何か」というのをちょっと前から考えているんです。なぜ、日本の文系と生命系は共産主義が好きな人が多いのか。そして理工系は少ないのか。いくつか分析して、仮説はあるんですが、今後も追究していきたいと思っています。

石　それにしても、現在の習近平がやっていることは、むしろ、海外の中国擁護派をますます困らせています。

掛谷　そうですね。

石　ますます追い込むんですよ。アメリカでもそうなるでしょう。内政と外交、どちらも異質性が際立っていますから、さすがに現在、だんだん日本国内でも中国を擁護することが困難になってきています。

掛谷　知識人もそうですし、財界も、中国が現在の方針でいくとお金が儲からなくなりますからね。それこそ、ゲーム会社は中国でゲームが売れなくなるし。

石　そうですね。

掛谷　学習塾も同じで、これから中国で新しいビジネスを展開しようとしているところはすべて儲からなくなる。今後は、中国でのビジネスに魅力を感じられなくなって、撤退していく企業が増えますね。

石　それは増えます。同時に、中国国内の人件費も上がる一方で、そういった面からも中国ビジネスは難しくなります。先ほども言った話を繰り返しますが、中国で現在起こっているのは、中国共産党の大企業いじめですが、徐々に民間中小企業いじめも始まるでしょう。最後は誰をいじめるかと言うと、外資企業。特に日本企業です。

掛谷　（笑）。

石　いじめるのにいろいろなやり方がありますよ。中国人がよく言っているのは、豚はまず太らせてから屠《ほふ》るものです。外資企業という太った豚は、永遠に放っておくわけにはいきません。ですから、中国に進出している日本企業はそろそろ、撤退を本気で考えるべき時期ではないのですか。

掛谷　国内企業も厳しくなり、人民も金儲けに勤《いそ》しまなくなり、外資企業も撤退する。経済が衰退するので、軍隊も強化できない。仲間は異質な国家ばかり。当然、西側は中国と一定の距離を置くようになる。西側の左翼も中国の変化を見ると、自分たちの主張を考え直さなくてはならなくなる。習近平の毛沢東回帰路線は、西側、日本にとってもいいことばかりですね。

石　ですから、毛沢東時代の中国は日本にとって無害だったんですよ！　人畜無害だったんです。「習近平版・文化大革命」にはまだ動きがあり、9月20日の『環球時報』に名物編集長の胡錫進《こしゃくしん》さんが自分のブログで李光満さんの文が「国家の方針に対するミスリード」であると真正面から批判しました。

掛谷　当然これも、中央指導部の指示で書かれたものですね。

石　はい。しかも9月6日には、習近平の腹心で、共産党政治員・国務院副総理で経済運営のトップである劉鶴《りゅうかく》が『国際デジタル経済博覧会開幕式』でスピーチして、「民営経済はわが国の税収の50％以上、GDPの60％以上で、技術革新の70％以上、都市部雇用の90％を創出しており、民営経済の発展を指示する基本方針を堅持しなければならない。民間企業の財産権を保護する方針は今後も変わることはない」と発言し、「資本主義から人民主義への回帰」を叫んだ李光満さんの文を間接的に批判して、「第二の文化大革命」を否定したんです。

掛谷　はい。

石　習近平の側近である彼がなぜ、公の場でこんな発言をしたのかと言うと、恐らく彼は習近平を諫《いさ》めたところであまり効果がないから、公の場で訴える以外になかったのではないかと思います。

劉鶴は彼の父親が文化大革命中に迫害を受けて亡くなっていて、文化大革命には否定的な態度です。２０１８年2月には「文化大革命をやめたからこそ、わが国はこれだけの発展をした」と述べたこともあります。

掛谷　習近平はどう考えているのでしょうか？

石　9月11日朝に、『人民日報』のホームページを確認したところ、まだ李光満さんの文は掲載されたままでしたから、習近平の考えは今の時点では変わっていないと思います。

しかしながら、劉鶴の進言にしたがって「習近平版文化大革命」を止めるのか、それともかつての毛沢東のように、側近の劉鶴を切り捨ててわが道を行くのか、現在のところはわかりません。

掛谷　なるほど。

石　しかも最近の中国では、『党内十大共通認識』という怪文書が出回っていまして、その文書の中身はすべて習近平攻撃で、「習近平政権の9年間は人民と党員にとっての災難」「政治・経済・文化・外交における全面後退の主要責任は習近平にある」「習近平には国家指導者としての最低限の水準・信用・度量と責任感が欠如している」と書かれています。

掛谷　しかし、私は習近平と「習近平版・文化大革命」を応援したい。西側にとっては素晴らしいことです。私、習近平を応援していいですか？　私は習近平をむちゃくちゃ応援します！

石　私はこれまでも応援していましたよ！　これからもずっと応援しますよ（笑）。

おわりに

《掛谷英紀》

新型コロナウイルスのパンデミックはまだ終わっていない。これを書いている時点で、このウイルスによる世界での死者は470万人を超えた。日本での流行第5波は収束しつつあるが、イスラエルの状況を見ると、ワクチン接種が進んでもその効力は時間経過やウイルスの変異によって弱まることが予想される。この戦いはまだまだ続くであろう。

新型コロナウイルスに対する各国の対応について、疫病を早く収束できたのだから、中国のような全体主義のほうが民主主義よりも優れた社会システムであるといった論評をする人がいる。あるいは、民主主義国においても全体主義国のように、政府により強い権限が与えられるべきだと主張する人も多い。こうした主張は、医師などの学歴エリートや左翼政党の支持者にしばしば見られる見解である。

しかし、果たして本当にそうだろうか。そもそも、このパンデミックが世界に広がったのは、中国が独裁国家ゆえの秘密主義に基づいて情報を隠したためではないか。パンデミックの発生国が自由主義国ならば、より早く情報が公開され、世界的な拡散を防ぐことができたのではないか。さらには、本当に中国国内で疫病は抑えられているのか。秘密主義に基づいて情報が隠されているだけではないのか。こうした問いは当然投げかけられるべきだが、全体主義シンパはそれを封じようとする。

最近の新型コロナウイルス起源調査の進展で、２０１９年11月には武漢で新型コロナ患者がそれなりにいたことが明らかになりつつある。それが秘密にされたのである。その情報が早期に公開されていれば、疫病の拡散は防げた可能性は高い。かつ、その秘密主義により、現在の中国国内の感染状況も隠蔽されている可能性が高い。

全体主義国家が疫病の情報を隠蔽したのは、今回が初めてではない。１９７９年に旧ソ連のスヴェルドロフスクで起きた炭疽菌漏出事故が、その一例である。生物兵器製造施設から、作業ミスにより炭疽菌の芽胞《がほう》が誤って大気中に放出された。ソ連政府の公式記録によると、一般市民の96名が感染して肺炭疽病を発症し、うち64名が死亡している。

当時のソ連は現在の中国と同じ共産党一党独裁国家であり、このニュースは海外には秘密にされた。事故の詳細が明らかになったのは、ソ連崩壊後の１９９０年代になってからである。独裁国家の秘密主義により、一般人を巻き添えにした研究の事故が10年以上も隠蔽されたのである。

これはソ連国内のみが被害を受けたケースだが、今回の新型コロナウイルスと同様に世界に疫病が拡散した例もある。１９７７年のソ連風邪（Ｈ１Ｎ１型インフルエンザ）である。一般にはほとんど知られていないが、世界で約１００万人の死者を出したといわれるこの疫病は、研究の事故が起源だったというのが、約10年前からほぼすべての研究者の間で一致している見解である。

これが研究の事故であることは１９７７年の流行当時から疑われていた。不自然だったのは、20代前半以下の人だけが重症化したことだった。それはこのウイルスが１９５０年頃に流行ったインフルエンザウイルスとほぼ同一だったからである。自然界でウイルスの遺伝子配列が20年も同じままであることはありえない。最も有力なのは、1950年頃に流行していたウイルスをソ連と中国が冷凍保存していたものを弱毒化してワクチンとして治験したが、弱毒化が不十分で感染が広まってしまったという説である。

これらの事故の長期にわたる隠蔽は、中国、ソ連という共産党独裁国家の危険を象徴する。さらに特筆すべきは、いずれの事例においても西側の生命科学者たちの多数が、研究の事故の可能性を否定する側に立ったことである。研究事故が発生・発覚すれば、その場所が独裁国家であっても、自らの研究に対する監視の目が厳しくなる。それを嫌って独裁国家の情報隠蔽に加担する道を選んだのであろう。その目論見は見事に成功しているのが恐ろしい。今の生命科学者たちは、新型コロナウイルスの起源についても、この成功体験を繰り返すことを目論んでいるのではないか。

実は、共産主義者と生命科学者には唯物論者であるという共通点がある。共産主義は、唯物論であるがゆえに、何百万人、何千万人を平気で殺す歴史を繰り返してきた。自分以外の人間を物だと思っているから、大量殺人も全く躊躇《ちゅうちょ》しない。生命科学にも似たところがある。私の知人の学者が「生命科学者は生物を細胞の塊《かたまり》だとしか思っていない」と言っていたが、それゆえに実験の事故で何人の命が巻き添えになろうが、何の良心の呵責《かしゃく》も感じないのである。もちろん、良心のある生命科学者がまったくいないわけではない。しかし、ウイルス学者の圧倒的多数が情報を隠蔽する側に回り、一年以上にわたり研究所流出説を陰謀論扱いすることに成功したのは、良心派の数がごく少数にとどまることを雄弁に物語る。

生命科学者に限らず、学者には選民思想の持ち主が多い。自分は優秀な人間だと思い上がり、一般市民を下に見る。この点も共産主義国の指導者に類似する。現在、中国の軍事研究に協力する学者が、どの民主主義国でも後を絶たない。実際、ウイルスの毒性を増す技術を米国の著名な科学者が武漢の研究者に教えていたということは厳然たる事実である。その背景には、学者たちにしばしば見られる共産党独裁へのシンパシーが少なからず影響しているのではないか。

自由主義国が中国という共産党独裁国家に呑《の》み込まれないために必要なことは、自国の学者たちを徹底的に監視することである。彼らが中国に技術協力する道を絶たないと、自国の科学者によって自国が滅ぼされることになりかねない。学者の暴走を止められるのは政治家であり、それを選挙で選ぶ有権者一人ひとりである。

最後にこの対談を企画いただいた、かや書房の岩尾悟志様、白石泰稔様、カメラマンの岩本幸太様、そして対談に応じていただいた石平先生に心より感謝申し上げます。

石平先生とは討論番組で一度ご一緒したことがありましたが、その前からずっとファンでした。番組収録後、フォトエッセイ集『石平の眼 日本の風景と美』（ワック）にサインしていただいたのは良い思い出です。

その憧れの先生との対談を書籍化していただけたことに、厚く御礼申し上げます。

掛谷英紀

石　平

×

掛谷英紀

新型コロナの起源と
101年目を迎える中国共産党

2021年10月26日　第1刷発行

著　者　　石　平　掛谷英紀

発行人　　岩尾悟志

発行所　　株式会社かや書房

〒162-0805

東京都新宿区矢来町113　神楽坂升本ビル3Ｆ

電話　03-5225-3732（営業部）

印刷・製本　　中央精版印刷株式会社

ISBN978-4-910364-10-0 C0031

ハセ書房　大好評話題作!!
漫画でわかった!
習近平と中国
石平
デキの悪いボンボン・習近平が
親のコネと悪運の強さで
大国・中国の頂点に上り詰めた。
そのことが
新型コロナウイルスを
世界に拡散させ、
世にも悲惨な出来事を
引き起こした!
漫画でわかった!
習近平と中国
石平
Sekihei
ハセ書房
新型コロナウイルスでこんなに
泣きたい気持ちになったのも
あの男とあの国のせい
それは、習近平と中国!
いったい、どんなヤツらなんだ?
漫画と文章でわかりやすく、詳しく解説します!
大好評発売中!
漫画／たなかよしみ
笑顔の裏の腹黒い心
中国と習近平のたくらみ
日本は騙されてはいけない!!
ハセ書房